EL SIN SENTIDO DE UNA VIDA CON SENTIDO

Concepción González

Reservados todos los derechos. No se permite la reproducción total o parcial de esta obra, ni su incorporación a un sistema informático, ni su transmisión en cualquier forma o por cualquier medio (electrónico, mecánico, fotocopia, grabación u otros) sin autorización previa y por escrito de los titulares del copyright. La infracción de dichos derechos puede constituir un delito contra la propiedad intelectual.

Ibukku es una editorial de autopublicación. El contenido de esta obra es responsabilidad del autor y no refleja necesariamente las opiniones de la casa editora.

Publicado por Ibukku
www.ibukku.com
Diseño y maquetación: Índigo Estudio Gráfico
Copyright © 2019 Concepción González
ISBN Paperback: 978-1-64086-365-1
ISBN eBook: 978-1-64086-334-7

ÍNDICE

Introducción   *11*

CAPÍTULO I
Del Km. 6. 29… al 6 300
FRAGILIDAD…LEVEDAD DEL SER   17

CAPÍTULO II
ENFRENTANDO LA REALIDAD   27

CAPÍTULO III
Del Km. 1 al…
EN SUS PROPIAS PALABRAS   37

CAPÍTULO IV
DEL KM… HASTA EL 6.300
EL CAMINO DEL SENTIDO DE SU VIDA,
AL SENTIDO DE SU MUERTE   53

CAPÍTULO V
Evitar que sea TARDE para DARSE CUENTA
Y DESCUBRIR, lo que TIENE SENTIDO   81

CAPÍTULO VI
LA RECONSTRUCCIÓN   87

CAPÍTULO VII
PARA LLEGAR HASTA LA MONTAÑA
SIN TENER QUE MIRAR ATRÁS   91

Israel,
Para ti, con todo mi amor,
Otro de tus sueños
¡cumplido!

Gracias a todos los que amaron a Israel,

...a quienes sin amarlo,
        le ayudaron a darle sentido a su vida,

...a quienes compartieron sus alegrías
        y sufrieron con él sus tristezas,

...a quienes lo acompañaron y apoyaron
        en la persecución de sus sueños,

mi especial agradecimiento
a quienes participaron, para que éste, se realizara.

"Este miércoles, difícil como todos, realmente había mucho tráfico, y regresaba a casa, sonó mi celular y lo contesté como siempre, me dan la noticia, no lo puedo creer, recientemente te había visto en casa de Jayim y te dije que te esperaba en el consultorio, que no dejaras de ir… y nos abrazamos como siempre, tu teniéndote que agachar y yo de puntas para alcanzarte… alcanzarte para que supieras como siempre, que estoy.

Te conocí en situaciones difíciles, siempre pediste un cigarro para platicar conmigo, como cuates, como amigos, tengo tanto que agradecerte, sobre todo tu confianza, le agradezco a Dios el momento en que me dio la maravillosa oportunidad de conocerte, de vivirte, de cuidarte…. las llamadas nocturnas, largas hasta tranquilizarte y tranquilizarme, saber que estarías bien, esas llegadas con prisa para platicar y tomar decisiones, hablar de sueños de vida, de aviones, de San Antonio, después las conversaciones cambiaron, se abrieron otros horizontes, otra forma de volar: ¡Eras papá! Y empezaste a comprender y amar de otra forma, luchando contra todo, aun contra ti mismo, contra esa mezcla de madurez e inmadurez que te hacia tan especial, tan irreverente y al mismo tiempo tan lleno de fe, con esa forma de sonreír ante el regaño o la reprimenda que te ganabas a pulso y que te daba con energía pero al mismo tiempo con todo mi cariño, por eso seguramente te reías de mi, y me tenías tomada la medida.

Me tranquiliza y enorgullece que en los últimos momentos de tu vida terrena te vi feliz, pleno, realizando tus sueños, emocionado con tu restaurante, con la paz de haber encontrado y reencontrado el amor, nuevamente.

¡Gracias Dios!, por haberme permitido formar parte, del corazón, de la vida, del sabor y sinsabor de esa vida, tu vida Israel, conmigo, con todos los que te conocimos y te amamos, solo puedo asegurarte una cosa: eventualmente nos veremos de nuevo, de eso puedes estar seguro y cuando eso suceda….. si es posible espero un gran abrazo y una gran sonrisa tal vez ahora sin tener que pararme de puntitas para alcanzarte ….. mi paciente amigo.

Dr. Eduardo Pallares Coello

Introducción

Israel era un bebé que atraía la atención por su simpatía, su gracia, su carita sonriente y pícara.

Más tarde un niño inquieto, seguro de sí mismo, sin miedo a nada, se creía capaz de lograr cualquier cosa, espontáneo, transparente.

Hasta cierto punto impulsivo e irreflexivo, no pensaba, sólo actuaba según le nacía y siempre, siempre con nuevos "amigos" , cada uno para él, "su mejor amigo".

Así paso de la adolescencia a la edad adulta, siendo él mismo, naturalmente espontáneo y muchas veces irreflexivo.

Acostumbrado a alcanzar su objetivo fácilmente, ya fuera por su carisma o por su tenacidad, era poco tolerante a la frustración por lo que pasaba fácilmente de la euforia a la depresión, de la alegría a la tristeza, de la calma al enojo,… y así, el niño que mantuvo vivo en su interior, le permitió hacer de detalles sencillos e insignificantes para otros, el motivo para recobrar sus sueños e ilusiones, su entusiasmo por luchar, su seguridad de alcanzar sus metas y, tanto un polo como el otro lo vivía intensamente en el hoy y en el ahora.

Cuando decidí escribir el libro de Israel, fue por cumplir el deseo expresado por él apenas la noche anterior a su partida. No tenia en mente cual sería el contenido, ni cabeza para crearlo así que, acudí a sus amigos y personas con que se relacionaba para que me hablaran de las vivencias compartidas, lo que les trasmitía, sus inquietudes y cualquier cosa que me diera ideas para plasmar en la obra.

El resultado fue un mensaje triste y profundo de lo que dejamos de decir y expresar cuando todavía podemos hacerlo...

¡Tan bueno que era! Palabras casi obligadas en un velorio, …ahora sí, que bueno era, cuando antes, en muchos casos a esa persona se le criticaba, regañaba, cuestionaba…

Dejar como parte de su libro lo que no se dijo en vida, ademas de ser un homenaje póstumo, es un ejemplo de todo lo que podríamos ver y reconocer en nuestros hijos, si decidimos centrarnos en sus aciertos y cualidades en lugar de apegarnos a las creencias fuera de lugar en este tiempo, de que los padres deben educar a con rigidez y exigencia, con limitaciones para que valore, sus aciertos sólo son cumplimiento a su obligación, inculcándoles que los premios se ganan con esfuerzo, si quieren algo que les cueste, lo que les damos debe ser correspondido y remunerado de alguna forma, saber que los errores tienen consecuencias ...y un sin fin de estatutos y reglas dictadas quien sabe por quien y que, en muchos casos, sólo dañan la relación con los hijos.

Al final la única y real formación se adquiere del ejemplo de los padres y se nutre, orienta y fortalece con el amor INCONDICIONAL, la empatía y la comprensión.

Qué difícil es describir lo que se siente al pensar en la vida de quien ha partido sin que parezca fatua alabanza, y qué satisfactorio es sentir, que sí es posible olvidarnos o dejar a un lado lo que hemos criticado o enjuiciado, para ver y recordar lo positivo y verdaderamente trascendente como lo hace en el siguiente escrito un amigo de la infancia:

"Puedo decir que toda su vida fue perseverante en lo que realmente le importaba, y yo al menos admiro enormemente su coraje y valentía para defender sus pensamientos y sentimientos no importando que fuera nadando contra corriente.

Para mi, Isra es un gran hombre, con alma de niño y un corazón tan grande como su ingenuidad. Su impresionante romanticismo y percepción le daban una increíble capacidad de asombro ante las cosas realmente importantes de la vida, tristemente insignificantes para muchos.

Tenía dos facetas, la máscara que mostraba cuando se sentía vulnerable o débil, y la del yo verdadero, extremadamente sensible, humano, cariñoso, entregado, en algunos momentos era incluso tímido e inseguro, aunque luchaba por ocultarlo.

Tenía un corazón inmenso que abría sus puertas a quien lo necesitara. Cuando se trataba de brindar amistad para él no había diferencia de clase, edad o preparación.

El verdadero Isra se sentía muchas veces solo a pesar de estar rodeado de tanta gente. Sabía que a pesar de decir que tenía muchos 'amigos', éramos pocos los que realmente lo entendíamos y queríamos como era ; pocos, los que sabíamos de esos dos Isras, el interior y el exterior, y estábamos con ellos en las buenas y en las malas; eran más los que envidiaban su carisma y determinación y por ello lo criticaban; sin embargo al final todos, todos lo añoramos y extrañamos

En sus arrebatos parecía que no le importaba el futuro, sino vivir simplemente el momento, al máximo, como si hubiera sabido que no tenía tiempo que perder, que tenía una misión que cumplir y una enseñanza que dejar en todos y cada uno de nosotros.

Aún cuando a veces se sentía abatido, desilusionado, rechazado y muchas cosas más, NUNCA se rindió! y consciente o inconscientemente cumplió su misión."

Que amable y armoniosa sería la convivencia con quienes compartimos la vida si movidos sólo por el amor y el bienestar de la relación nos damos un momento, cuando todavía es tiempo, para expresar lo que sentimos a la pareja, los hijos, los padres, los amigos. Nuestra vida y el mundo serían como lo soñamos.

CAPÍTULO I
Del Km. 6. 29… al 6 300
FRAGILIDAD…LEVEDAD DEL SER

Un miércoles aparentemente como cualquier otro, tarde de cine..., la llamada acostumbrada con David es interrumpida por otra, ... luego te llamo -me dice…

Me dirijo hacia la biblioteca, mi coche está en el taller, me iré con unas de mis amigas, compañeras de trabajo. Estamos acordando como irnos cuando entra la llamada de Carmen quien me dice:

–Conchita ¿en dónde estás?
–En el colegio...
–¿Estás sola?
–No... ¿por qué? le pregunto con extrañeza
–¿Quién está contigo?

Además de extrañeza un mal presentimiento, le vuelvo a preguntar ya alterada, ¿qué pasó? , ella sin contestar me dice que ahí me quede que va para allá... por mi insistencia y gritos desesperados me hace el favor de decirme que Israel tuvo un accidente, para entonces estoy tan alterada que salgo de ahí, sin que puedan detenerme.

Desesperada, impotente, sin saber qué hacer, sin coche para poder ir quien sabe a dónde... llamo al celular de David, me contesta Alfonso que tampoco me dice nada.

Mi mente sigue a una gran velocidad, acelerando mi corazón, mi respiración, todo en mí parece estallar.... por favor, que alguien me diga qué pasó, mi corazón duele intensamente, sabe que ese silencio es de muerte, pero ¿quién o quiénes?; cualquier respuesta que me doy es igualmente dolorosa... los pensamientos se agolpan, ¿está o están mal heridos o...? ¿dónde?... ¿qué pasó?..., desesperación, preguntas sin respuesta externa, contestadas desde mi percepción de madre... ¡no puede ser Dios mío, por favor nooo! no debe pasar, no Señor.

Momentos indescriptibles... eternos... de silencio tan denso y helado que congela las venas, de pronto ese silencio es roto por un nombre: Israel.

¿Por qué me quitan el derecho de saber la verdad, el derecho de estar ahí, yo quiero estar donde sea, no importa como esté...pero estar ahí con él, déjenme ir, yo puedo protegerlo de cualquier cosa, yo quiero protegerlo... por favor déjenme ir, llévenme con él..., necesito al menos darle un último abrazo, la bendición y confortarlo para que siga tranquilo su camino...

Pensamientos que aceptan y rechazan a la vez una realidad inevitable.

Señor yo sé que esto es parte de un plan entre tú y él , pero el dolor de su partida es insoportable, no lo he abrazado suficiente, déjame despedir de él.

Mente, corazón y espíritu libran una batalla. El corazón se hace añicos tratando de aceptar que él está mejor ahora, pues el Padre lo espera amoroso de regreso en casa... pero... ¿y yo..., acaso es justo para mí? ...¿debo aceptarlo sólo porque es su voluntad?...¿cómo saber si Israel en realidad está bien?, ¿quién lo asegura?, y sus pequeños, a los que él amaba más que a su vida, ¿habrá pensado en ellos?

¡Gran confusión y dolor!, rechazo, rebeldía...esto no puede estar sucediendo. Quiero dormir, seguramente al despertar me daré cuenta de que fue una pesadilla.

El dolor de la pérdida, las palabras no dichas, el espacio entre los brazos que queda vacío... ¡qué importa de quién!, el dolor de la despedida, ¡es dolor!... y cuántos sentimientos despierta, ...cuántos recuerdos evoca.

¿Y para otros...?, más o menos intenso, más o menos impactante, más o menos...no importa; cada uno afectado de manera diferente y debemos tener compasión con todos los que expresan sentir la tragedia sin juzgar la dimensión pues nunca podremos sopesar el sentir del otro en una justa dimensión...

Para alguien el dolor puede ser paralizante, y aunque se supere, dejará huella permanente...

"Cuando recibí la llamada de que Isra había tenido un accidente, me quedé congelado, inmediatamente les dije a Omar y Tomás que me acompañaran y mientras íbamos en el camino, pensaba muchas cosas, pero lo único que no me pasaba por la cabeza fue lo que sucedió.

Al llegar al lugar del accidente bajé inmediatamente y empecé a correr, lo primero que vi fue a mi hermano, pero no quería creer que fuera él, vi la camioneta, y entonces quise pensar qué tal vez había atropellado a alguien, pero al ir corriendo hacia la persona que yacía en el pavimento, me di cuenta que realmente era mi hermano.

Me quedé paralizado, no pude moverme, llegó Tomás a detenerme, ya no me dejaron acercar, Omar fue el que se acercó a ver todo.

Lo que realmente me deja tranquilo es, que sé que está bien, aunque lo extraño mucho, así como a Ger, y que en los sueños que he tenido con él, lo veo feliz.

También ayuda revivir todos los momentos de lo que compartimos juntos, experiencias que motivan a ser mejor persona y muchas cosas más, como que debemos disfrutar la vida y hacer lo que realmente se quiere, así como Isra lo hizo, porque sé que no se quedó con ganas de hacer alguna cosa más".

Y esa persona, hermano, hijo, hija, padre, madre, llevará por siempre la cicatriz de la herida y aunque para evitar el dolor evade hablar de ello, mucho bien le hará hacerlo para sanar la herida y con el tiempo, aún cuando el recuerdo duela irá acompañado con una sonrisa al sentir la presencia amorosa del ser querido y el abrazo de sus almas. Busquemos oportunidades casuales para ayudarles a liberar el sufrimiento producto del dolor callado.

Otra manifestación es la punzada dolorosa por la sorpresa impactante que recibe quien, aunque conociéndolo apenas, tiene grabada su imagen, ¿para qué tenía que conocerlo apenas el día anterior a su muerte?, ¿había una enseñanza o mensaje de último momento o tarea pendiente antes de partir?.. yo creo que sí... nada es casualidad o coincidencia, más bien causalidades o diosidencias.

Cuando a nuestra mente llegue la idea de casualidad o coincidencia, detengámonos un momento a pensar, más que en el hecho, en el mensaje que puede traer consigo, especialmente para quien lo observa.

"¡Otro día otra vez!... murmuré mientras escuchaba el despertador que me apuraba a empezar lo que llamamos un nuevo día... ese día por cierto tendría frente a mí a un hombre de mirar profundo y sonrisa franca.

...Cuando lo conocí fue un día antes de que partiera, me encontraba en el consultorio leyendo, esperando su llegada. ...tenía realmente muchos deseos de conocerle, el ding dong del timbre se escuchó rítmicamente, acudí a la puerta... y con una sonrisa y alegría desbordante murmuró... ¡hola doctor! éste fue su saludo y repuso al presentarse; ¡soy Israel!, el tráfico realmente está impresionante. Le acompañaba una señorita muy agradable y al igual que él con una sonrisa amigable.

—Tomen asiento por favor, mientras llega el siguiente paciente podemos platicar un momento... Hablamos de lo analítico que era, de sus miedos... aún los intangibles. Mientras le explicaba algunas cosas observaba su mirada, en ella había intensidad y angustia, me preguntaba por qué, le hablé entonces acerca del libro de Gerardo, se puso triste al momento en que cité a su hermano y preguntó: ¿él está bien? Por supuesto —respondí, —la muerte es una palabra cruel, tu hermano realmente no ha muerto, vive aún... viaja ahora en mares mas tranquilos cumpliendo otra misión, cuando la muerte llega a nosotros, es siempre para bien...

Es muy raro que hable de este tema con mis pacientes y menos en la primer consulta, sin embargo en ese momento tan breve se dio la plática.

El sonido del timbre dio fin a nuestra breve conversación... y con un abrazo fuerte, lleno de intensidad y de amor, sí, ¡de mucho amor!... nos despedimos.

¡Otro día otra vez! pensaba mientras agradecía a Dios por tener un nuevo día. La mañana continuó en medio de una monotonía... ya era tarde cuando mi esposa nos llamó a comer y justo cuando terminábamos el teléfono timbró, ¡nos comunicaban una noticia realmente terrible! ¡Sumamente inefable!... no podía explicarlo con palabras. Israel había chocado con su auto, me informaba mi interlocutor y como consecuencia había dejado esta vida. Obviamente no daba crédito a lo que escuchaba, era realmente cruel, en mi interior había tristeza, dolor, angustia, confusión y debo admitirlo ... protesta, ¿por qué?.

¡Cuantas cosas me dejaste Israel!... tu paso por mi vida fue tan breve, vino a mi mente entonces tu mirada y me preguntaba ¿comprendería acaso su premura? ¿Sabría que su paso por la vida ya era breve?... que el latigazo del viento otorgado a la vela de su tiempo se extinguiría ya? ¡Cuántos pensamientos pasaban por mi mente aturdida por ese instante! ¡Cuánta tristeza!. Me consolaba pensando que cuando llega el final, es siempre para bien, Israel... Israel... con tu partida ¡cuántas cosas dejaste!, ¿lo sabías

tu? Recuerdo tu sonrisa y pensé en ese instante sobre lo efímero de la felicidad; es algo tan intangible que cuando pensamos que la tenemos, es porque ya ha desaparecido ¿desapareció en ti? No – creo que ahora la vives con mayor intensidad, porque así viviste tu vida... descansa y evoluciona en paz... ¡Dios te bendiga en tu camino!, Adiós, amigo mío. Adiós, gracias por tu mirar alegremente triste... por tu sonrisa cristianamente heroica, gracias por haberte conocido, aunque haya sido en las últimas horas de tu vida. Cuando abras los ojos ante Dios, sonreirás para siempre. Pide por los que, en el sueño de la noche, no entienden lo que es para toda la tierra un nuevo amanecer, otras horas de ensueño, o lo que todos conocemos como... ¡un nuevo día!".

Dr. José Luis Arredondo

El dolor e impotencia del amigo

Tal vez el mas juzgado y enjuiciado en situaciones de despedida irremediable. Su expresión provoca comentarios de incredulidad y competencia... algunos amigos piensan y sienten que al otro no puede dolerle tanto como a él, o cuestionan si tal o cual debería llamarse "amigo" y/o estar ahí después de..., quien apenas lo vio y hablo con él... en fin y al fin todo eso es muestra de dolor, dolor real sin importar la dimensión o si es causado por el remordimiento, por los hubiera, por la culpa o por el verdadero cariño de amigos y en ocasiones casi hermanos. Sea cual sea la razón, las emociones, sentimientos y el dolor que producen los llevaron a estar ahí a pesar de todo y por ello merecen el abrazo empático sincero que permita aliviarse mutuamente.

"Hoy sentí un gran dolor y una impotencia que nunca en mi vida había sentido, fue justo cuando supe que nunca más en la vida te volvería a ver, sentí que la vida era injusta por lo que estaba haciendo y no encontré significado alguno del por qué de las cosas.

No dejaba de pensar ni un instante en nuestros momentos de felicidad, de convivencia, de triunfos, de derrotas, de fiesta, de dolor y desamor. Por qué, Dios???, me preguntaba a cada momento, por qué a él, por qué a mi amigo Israel?.

Todos vivimos momentos de gran tristeza y sufrimiento en esos días, de tenerte tan cerca y tan lejos, estar frente a ti y no poder hacer nada por cambiar las cosas, no poder platicar contigo de nuestras vidas, de nuestro futuro y de todos los planes que teníamos en mente.

No podía creer lo que estaba pasando. Cuando sentía que la soledad me invadía y se apoderaba de mí, aparecías y me ayudabas a sentir que estabas cerca de mi y de nuestras vidas…"

CAPÍTULO II
ENFRENTANDO LA REALIDAD

Sólo unos metros, unos minutos, unos días pueden ser la diferencia entre la vida y la muerte, la felicidad y la tristeza, el cielo o el infierno...

La vida es tan frágil...,
    Cada momento podría ser el último
    y cuando lleguemos al final
    ¿estaremos preparados para cruzar
    del km 6.299 al 6.300?

Hoy le digo adiós a un amigo, más que amigo es mi hermano, el hermano a quien me refiero se va a un viaje que en algún tiempo, tarde que temprano, todos recorreremos.

Siempre he pensado que para entablar una amistad con alguien debes tener ciertas cualidades, porque hasta para eso hay que saber ser... él no sabía nada de eso, él se arrojaba por completo a la amistad y te platicaba abiertamente de sus planes, de sus sueños y de sus hijos...... en verdad, era un ser excepcional...

De ti, Israel, aprendí a levantarme en cada adversidad, porque de eso sabías muy bien; eres y serás un ejemplo a seguir por que a pesar de todo siempre veías hacia delante no importando lo pasado.... se que en algún momento nos volveremos a encontrar y estaremos felices todos.. Se que es-

tás en alguna parte del cielo y que en estos momentos estás riendo y cantando, feliz y tranquilo como mereces estar.

Gracias hermano por esa entrañable amistad que me brindaste,
gracias por ser un ejemplo de vida,
gracias por enseñarme que hay felicidad en la vida,
gracias por brindarme minutos de tu vida,
por aquellos momentos de parranda y desvelos...
        que dios te bendiga hermano...

Una historia como la de cualquier despedida inesperada, historias que empiezan cuando decimos que termina, a partir de ese momento el recuento de sus instantes de vida le dan sentido, y en cada uno se puede descubrir una razón y su enseñanza. En ese camino de dolor y duelo podemos llegar a la única conclusión posible: "vivió" intensamente, trascendió sin saberlo, dejó huella tocando el corazón de quienes le ayudaban a cumplir su tarea y ésta culminó en su preciso momento y lugar.

Al enfrentar lo irremediable surgen muchos reproches y preguntas. Quisieras que fuera un sueño pero no es así.

Lo que vemos no nos gusta y deseamos regresar el tiempo, dormir y no despertar, pensamos que nuestra vida también terminó, pero la mala noticia es que a pesar de todo tiene que seguir, no para los que nos necesitan aún sino para nosotros mismos. Todavía tenemos tareas qué hacer, ellos ya cumplieron su misión al terminarlas y lo hicieron bien.

El tiempo, sólo el tiempo lo comprobará. Pueden ser horas, días, meses o años los que tardemos en descubrir y aceptar el sentido de su vida y su muerte; seguramente en su momento, como destellos de luz nos irán dando la tranquilidad y aceptación de tal manera, que iluminarán nuestros días hasta sentirnos alegres por su nueva vida.

Quitar, a Israel y a cualquiera que deja su cuerpo físico intempestivamente, la responsabilidad de su partida, sabiendo que fue su acuerdo con Dios, es el primer paso hacia la tranquilidad.

No importa si manejaba rápido, si llevaba o no cinturón de seguridad o si se distrajo, pues de cualquier forma sólo iba al encuentro de su destino.

¿Cómo lo se?, Dios con su infinito amor por ellos y por nosotros, quiere consolarnos, nos hace saber por medio de signos y señales que van de regreso a Su casa.

En el caso de Israel, partió el mes 6, día 30 en el Km. 6.300 de la carretera... (tal como dice el acta levantada por MP). ¿Casualidad? Yo diría que precisamente las casualidades que nos sorprenden son el idioma con el que Dios nos habla, y nos habla a todos.

Qué reconfortante y a la vez doloroso es saber que la vida de nuestros hijos esta en manos de Dios. Aún pensando que al final, lo mejor que pudimos desear para ellos , lo tendrán al llegar al Padre, no es fácil aceptar que son prestados y en cualquier momento podrá terminar su tiempo con nosotros. Nada fácil ese momento de regresarlo a su creador, sin embargo el amor todo sana , algún día sólo quedará la marca imborrable de una herida que en momentos podrá doler, pero también puede hacernos recordar con gratitud y alegría su vida entre nosotros y darnos la Paz y la tranquilidad por la dicha y plenitud que ahora disfrutan... y por qué no, tal vez nos permitamos sentir su presencia.

Podemos dar gracias a Dios por tomarlo en sus brazos pero, ¿Cómo aceptarlo?... si apenas la noche anterior estuvimos hablando de su futuro y de la próxima realización de sus sueños. Por fin veía sus metas cercanas.

Precisamente esa noche al contrario de lo usual me integré a la plática con él y sus amigos y después continuamos nosotros hasta las dos de la mañana; en algún momento se desesperó, porque su ímpetu y prisa por vivir no aceptaba la paciencia como algo posible y reconocer que era necesaria le causaba frustración. Sólo un minuto de enojo, al siguiente sus ojos brillaban y sonreía ante los pensamientos de sus anhelos cumplidas; entre otras cosas habló de escribir el libro de su vida; más tarde sintió y comentó la presencia de su hermano Gerardo, como tantas veces lo había hecho y después se quedó dormido viendo una película (Dos vidas contigo), que trata de alguien que se mantiene viva en esencia, después de morir.

Puede haber dos formas de reaccionar ante los recuerdos y remembranzas, con rebeldía, enojo y todos los sentimientos negativos que fluyen fácilmente en esos momentos o con el dolor que a la vez sana al encontrar en esas casualidades un mensaje de Dios para ayudarnos a aceptar su voluntad, sin decir con esto que el dolor será menor.

En esas interminables horas, pasando constantemente de la negación a la cruda realidad, se nos presentarán respuestas a nuestros ¿por qué o para qué? en las palabras de un amigo, en imágenes que vienen a nuestra mente aunque las desechamos de inmediato al pensar que no pueden ser verdad, en fenómenos de la naturaleza, en una estrella, una flor, una pequeña ave, un objeto... o en un mensaje como el siguiente

MENSAJE DEL SEÑOR A UNA MADRE EN SU DOLOR

Pequeña mía:

Yo soy tu refugio, tu fortaleza, tu amparo y tu esperanza. No encontrarás una sola respuesta fuera de Mí. Nadie en este mundo podrá darte el consuelo y el amor que tú necesitas, sólo Yo, tu creador, puedo hacerlo.

Descansa tu corazón en el Mío. Descansa tu alma en la Mía. Yo sé que no dudas de Mi existencia, de Mi Omnipotencia, de Mi misericordia. Te pido entonces, no dudes de Mi Amor infinito por ti. Yo no castigo, no juzgo; Yo amo, perdono y Me doy.

El dolor que sientes solamente lo podemos entender en plenitud Yo y Mi Madre. María está junto a ti, María llora en ti, pero Ella ha traído hasta Mí un nuevo hijo que vive ya en Mi Reino.

Ella lo tomó en sus brazos, lloró por ti, por el dolor que fulminaría tu corazón, pero se alegró en que pudo ponerlo en mis brazos, pues en su nombre (el de tu pequeño), llevaba su consagración a Mí.

Mi Madre te consuela y debes estar tranquila y agradecida con Ella pues Ella quien intercede para que mi palabra de consuelo llegue a ti.

Pongo paz en tu corazón, confíate de Mí y así como ahora Nosotros te consolamos, tú un día consolarás a otras almas.

Mi bendición para ti y los tuyos.

Jesús

¿Cuántas veces ante las respuestas que El nos da, pretendemos engañarnos diciendo que es una casualidad o nuestra imaginación?,

Acerca de esto hay una verdad: fuimos creados por Dios y para Dios. Si fuimos creados para Dios podemos decir que el propósito de nuestra vida nada tiene que ver con nosotros mismos y al final nos daremos cuenta de que sólo Él le da sentido.

"Porque para mí la vida es Cristo y la muerte una ganancia"

Filipenses 1,21

En el caso de Israel su vida y su muerte fueron rápidas e intensas. Los que vivimos las dos noches de su funeral sabíamos que sólo Israel lo hubiera organizado así. Parecía una gran fiesta, además de la tristeza, dolor y llanto, se escucharon sus canciones, las risas de amigos que festejaban lo que habían compartido y tanta gente que sólo él podía reunir. Cómo no pensar que él en su frescura infantil, con un ¡uups! y una pícara sonrisa estaría observando el caos vial que se creó en los alrededores de la funeraria y durante el cortejo. Todo típico de él.

Aún cuando ahora tengo consciencia de que, nada sucede por casualidad; que todo es como es y si no te gusta seguramente es para aprender algo; que detenerte en lo que pudo ser diferente es tiempo perdido restado a la oportunidad de disfrutar el presente; que nada es más importante que amar a las personas por "su ser", sin permitir que "su hacer" limite las expresiones de ese amor, incluyéndonos a nosotros mismos y, en especial a quienes estamos unidos por un lazo divino invisible… me enoja pensar, contrario a la auto compasión que merezco, que aunque estoy convencida de eso y muchas cosas más que me permiten ver y vivir la vida positivamente diferente, me doy cuenta de que creerlo es fácil, bajarlo de la cabeza al corazón para integrarlo a tu forma de ser, no lo es tanto pues significa desechar esas creencias antiguas ya obsoletas que nos dicen que vinimos a sufrir para lograr la felicidad casi inalcanzable.

Entonces, cuando nos sentimos dichosos, la mente de acuerdo a esa programación no borrada aún, nos hace sentir culpa por ser felices a pesar de las circunstancias, e inconscientemente regresamos al pasado buscando un motivo que contrarreste al menos un poco de alegría.

Es por eso que todavía al leer los escritos que dejaron mis hijos me sigo reprochando la poca atención que puse en conocer sus emociones y sentimientos, escuchar de sus conflictos o aflicciones, o de sus logros o alegrías... en ese entonces el trabajo ocupaba todo mi tiempo y energía... o tal vez ¿ era la única forma conocida de lo que creía, era ser buena madre?

Si eso fue, vaya que estaba equivocada, pero de nada sirve pensar en lo que no hicimos, deprimirnos o sentirnos culpables... lo que fue ya quedó atrás, sólo tenemos la seguridad de este día, este instante, este momento en el que con la experiencia y enseñanzas del pasado podemos hacer la diferencia.

CAPÍTULO III
Del Km. 1 al...
EN SUS PROPIAS PALABRAS

De pronto pensé que, este capítulo en el que él mismo habla de su vida tal vez sólo sería de interés para quien lo conoció, pero al tiempo que lo releía pensando si lo dejaba o no, me di cuenta de su importancia al imaginar la emoción que pudo haber experimentado en los momentos que relata. Entonces comprendí que su historia puede ser la de Luis, Juan, Maria, Sofía, Pedro... en situaciones similares o diferentes y, aún cuando ya no puedo dedicarle a Israel mi tiempo, ni abrir mi corazón o escucharlo sin juicios para permitirle expresar sus sentimientos guardados, dejo eso en el pasado y ahora en el presente lo tomo como una enseñanza para ser aplicada por mi y por otros padres y madres con quienes sí podemos hacerlo.

Nunca es tarde para ordenar prioridades y darle a las personas que decimos amar, el lugar que les corresponde simplemente por lo que son y significan para nosotros. Por su hacer puede merecer corrección, consecuencia, enojo, silencio pero su "ser" inmutable merece y necesita ser amado incondicionalmente.

MI VIDA. POR ISRAEL V.

Me encuentro fumando un cigarro frente a la computadora a las dos de la mañana del día 8 de octubre de 1999.

Siempre me ha llamado mucho la atención escribir todo tipo de cosas, como poemas, pensamientos, canciones, frases, etc, etc., pero nunca antes escribir acerca de mi vida... y en una noche como ésta, pensando en todo y en nada, considero que es bueno hacer un alto en el camino de la vida y reflexionar en lo mucho o poco que he vivido, en lo mucho o poco que he avanzado, en los triunfos y fracasos, en lo que hice y lo que aún me falta por hacer, en lo que he compartido, en lo que he aprendido, en lo que he sufrido... para que ese camino por recorrer ya sea largo o corto, vivirlo al máximo.

El principal motivo por el cual ahora me decidí a escribir esto es mi hermano Gerardo y mi mamá.

Mi hermano falleció hace casi diez años y sinceramente siento que no ha pasado tanto tiempo. Hay días en los cuales pienso que apenas fue ayer. Aunque es algo que he aprendido a superar, a veces es tan difícil que estoy seguro de que viviré con ello toda mi vida.

Dicen que el tiempo sana las heridas pero por experiencia propia les puedo decir que eso es muy incierto.

Gerardo escribió una memoria acerca de su enfermedad, lo que sentía, lo que pensaba en ese tiempo. Cada vez que la leo aprendo y encuentro algo nuevo. En lo personal es un libro muy fuerte y no puedo evitar que las lágrimas broten de mis ojos.

El segundo motivo, mi mami: Ella fue quien publicó el libro de Gerardo y lo está arreglando de nuevo. La razón por la que es el segundo motivo, me gustaría expresárselos pero no creo que cupiera ni en todos los libros del mundo. Es la persona más luchona, fuerte, amorosa, etc,etc., que he conocido y creo que conoceré en toda mi vida. Ya les platicaré más adelante con lujo de detalles acerca de ellos y de toda mi familia.

Otro de los motivos por el cual analizo mi vida y escribo esto, es porque estoy decidido a cambiar.

La mayoría de la gente hacemos propósitos y soñamos, no importa si son sueños grandes o pequeños pero los tenemos, sin embargo, son pocos los que logran aterrizarlos, simplemente se quedan volando. A mí me pasa eso y por lo mismo no los realizo o concluyo todos. Por ejemplo uno de mis propósitos es dormir temprano y heme aquí, a las dos de la mañana escribiendo acerca de mi vida.

Lo que escribiré a continuación será un relato desde mi infancia, recuerdos, logros, fracasos, mi familia, expe-

riencias felices y tristes y sobre las personas que he tenido la oportunidad de encontrar en mi camino.

Uno de los recuerdos mas gratos que tengo era ver a mi familia unida creciendo todos juntos como seres humanos y como familia.

En lo personal pienso que todas las etapas por las que pasamos son muy bonitas y la infancia es una de ellas. Para un niño no hay problemas, todo es color de rosa... Mi infancia fue feliz y rara al mismo tiempo. Fue infeliz a los once años cuando murió mi hermano Gerardo.

Recuerdo que mis padres me dejaban encargado con mi hermana Gabriela, diez años mayor que yo, cuando ellos iban a trabajar o a cualquier cosa a donde yo no pudiera ir. Ella se encargó de mí algunas veces. ¡Pobre! Estaba muy chica y ya estaba de niñera cuando no se sabía limpiar ni las pompis. Me caí muchas veces bajo su cuidado, pero qué le podías pedir a una niña a esa edad.

Mi papá tenía dos trabajos y, había veces que llegaba a altas horas de la madrugada. Hay una anécdota que a veces él cuenta y aunque no estoy seguro de que sea verdad la recuerdo: dice que en una ocasión cuando yo tenía aproximadamente cinco años, vivíamos en Lomas Verdes y se le había olvidado algo por lo que regresó a la casa, tocó y yo me asomé, me dijo —hijo ábreme —y yo le contesté que no estaba mi papá. Es algo que no me da mucho gusto pero seguramente quedó grabado pues vino a mi mente.

A pesar de lo mucho que trabajaba, tengo muy buenos recuerdos de mi convivencia con él, íbamos al parque, me dejaba manejar, que es el sueño de todo niño, jugaba conmigo, me consentía, nunca me maltrato físicamente.

De pequeño fui el centro de atracción de la familia, les bailaba, les contaba cuentos y les cantaba. Tanto mi papá, como mi mamá, cada vez que abría la boca me daban lo que quería. Hasta la fecha siempre he querido ser el centro de atracción de cualquier círculo.

Con quienes más conviví durante mi infancia fue con Gerardo siete años mayor, con David, cinco años menor y con Gabriela también cuando me cuidaba. ¡Ja! ¡Ja! Recuerdo que hubo una época en la que me agarraba del chongo con mis hermanos y sobretodo con Gabriela aunque me llevaba diez años. Nos poníamos unas moquetizas gruesas. Mi mamá llegaba a regañarnos y nos decía que no nos iba a pegar con la mano porque a ella le dolía más. Normalmente el mediador de todas las peleas era Ger. Con David hice muchas travesuras, y tuve varios accidentes, ¿pero qué niño no hace travesuras y no tiene accidentes?

En una ocasión peleando con Gerardo, me escondí en el clóset y salí con un bat de aluminio que estaba ahí, lo perseguí por toda la casa y al momento que él iba bajando las escaleras se lo deje caer en la cabeza. ¡oops!; la puerta de nuestro cuarto estaba llena de hoyos porque cada vez que me encerraba ahí para que no me pegaran o cuando se enojaban, Ger o Gus pateaban la puerta hasta abrirla.

Otra de las cosas que recuerdo es que de pequeño no podía dormir sin mi sabanita y me comía las pelusas, también mi poo. Jugaba mucho con los insectos y luego me los metía a la boca. Siempre me gustaron mucho los animales y en una ocasión me regalaron un patito que se convirtió en ganso y lo tuvieron que llevar al lago de Chapultepec. Pobre pato, lo traía de arriba para abajo.

Tuve la oportunidad de viajar a lugares impresionantes que espero algún día visitar otra vez. Pude disfrutar a toda mi familia unida hasta la muerte de Gerardo, entonces todo cambió. Y no es que le eche la culpa, pero auténticamente todo y todos cambiamos.

Cuando tenía 10 años, empezó la época difícil para mí y para toda mi familia. Mi hermano Gerardo regresó de un viaje a Mazatlán con sus amigos y llegó sintiéndose mal, después se fue a Maeva con mis tíos Beto y Lupita y con mi primo Jorge que era como su mejor amigo también.

Regresó sintiéndose peor. Mi hermano tenía Leucemia avanzada. Yo a esa edad no sabía lo que eso significaba realmente, pero el simple hecho de verlo con sus tratamien-

tos e internado en el hospital, me hacía pensar que algo estaba mal.

Para los que no tuvieron la oportunidad de conocerlo, Gerardo fue una persona luchadora, emprendedora, muy noble, amigable, sabía ganarse a la gente con tan solo una sonrisa, galán, muy aplicado en sus estudios, responsable, cariñoso, religioso, con muchísima fe. Nunca dejó de luchar a pesar de su enfermedad y sobretodo nunca perdió la fe. Mi hermano era muy "Mario" (devoto de María) y tenia a sus cuatro fantásticos que eran Dios Padre, Jesús, María y el Espíritu Santo.

A pesar de su enfermedad él seguía estudiando, iba a la escuela sin cabello por la quimioterapia y cuando ya no tenía fuerza en las piernas en silla de ruedas. Uno de los sueños de Gerardo era llegar a su graduación y falleció unos días antes. Pero tengo la seguridad de que estuvo ahí. ¡¡Él luchó hasta el último instante y triunfo!! En ese momento yo no lo veía de esa manera.

Recuerdo esa noche como si fuera ayer, le fui a dar las buenas noches y me dijo adiós, en ese momento mi cabeza no entendió lo que me trató de decir.

Me encontraba dormido en su cama donde dormía en ese tiempo porque, desde su última salida del hospital, él se quiso quedar en la recámara de mis papás para poder ver el cielo por la ventana.

Él tenía una boina con la bandera de Inglaterra y en esa noche inolvidable, desperté de pronto, mi corazón palpitaba a cien por hora y encontré la boina en la cama. Me levanté, vi mucha gente en mi casa y pregunté qué pasaba. Corrí al cuarto de mis papás y la cama estaba vacía. Le pregunté a mi mamá que dónde estaba mi hermano y ella con una cara de tristeza enorme me abrazo y me dijo: Hijito, ¡tu hermano se fue al Cielo! Todavía se llenan mis ojos de lágrimas cada vez que recuerdo ese infinito día. Comencé a gritar como loco: ¡¡NO!! ¡¡NO PUEDE SER!!

Me sentía acabado, que ya no tenía sentido mi vida, dejé de creer en Dios. Lo cuestioné y le dije que si realmente existía, por qué se había llevado a mi maestro, a mi mejor amigo, a mi héroe, a mi ídolo, a una gran parte de mi vida y de mi ser. No quería ver a nadie , ni hablar con nadie, me cegué y no me di cuenta de lo que estaban sufriendo el resto de mi familia. Así como los otros no se dieron cuenta de lo que sufríamos los demás.

Uno de los sueños de Gerardo era que fuéramos una familia unida y desgraciadamente después de su muerte todo se vino abajo. En los años siguientes me empecé a enfermar, y pensé en suicidarme varias veces, hasta lo intenté, ¡estaba derrotado!

Con el tiempo pude comprender muchas cosas y aunque otras todavía no las entiendo, me volví a acercar a Dios.

¡Gracias Dios mío por ayudarme a salir adelante!, ¡Gracias María!, ¡Gracias Ger por dejarme sentirte más que en vida!, ¡Gracias Mamá!, ¡Gracias Papá!, ¡Gracias Gus!, ¡Gracias Gaby!, ¡Gracias David que me hiciste ver que tenía otras personas que querer y que cuidar!, ¡Gracias Marcela! ¡Gracias Ana! y Gracias a toda la gente que me ayudo a salir adelante y a salir de ese lado oscuro donde me encontraba.

La pérdida de Gerardo para todas las personas cercanas a él fue muy dura. Para unos más, para otros menos. Y cada uno de nosotros lo demostramos de distinta manera.

Desde mi punto de vista:

Mi mami sufrió muchísimo al perder a Gerardo. Era la segunda pérdida de un hijo. Ella demostró su dolor encerrándose en ella misma, al igual que todos nosotros. Tuvo colapsos nerviosos, crisis muy fuertes. Gritaba o se ponía muy mal.

Mi papi se volvió muy frío, materialista, no decía un te quiero, ni nada. Hasta la fecha le cuesta muchísimo trabajo expresar sus sentimientos. De hecho han sido dos o tres veces que lo he visto llorar.

A Gustavo le cambió muchísimo el carácter y se ponía de mal humor hasta porque volaba la mosca.

Gabriela que de por sí, era sentimental, se volvió la más chillona del planeta tierra, y yo no me quedo muy atrás.

Con David, aunque es como mi papá que se guarda todo lo que siente, fue con el que más pude desahogar el sufrimiento de la pérdida de Ger. Había ocasiones en que estábamos jugando futbol en el jardín de la casa y se ponía a llorar . Le preguntaba que le pasaba y me decía : es que extraño mucho a Ger, entonces llorábamos juntos. David era su enfermero, así le llamaba Ger: ¡mi enfermero favorito!

Y yo por último me volví al principio frío y déspota, después demasiado cariñoso intentando llenar ese vacío tan grande que sentía y la persona más sentimental del planeta, me afectaba todo lo que pasaba a mi alrededor, aún a veces me siento así.

Mi hermano Gustavo se fue a vivir con su papá y sus otros hermanos que también considero míos y ya sólo quedamos David, Gaby, papá, mamá y yo.

Recuerdo que venía a dormir a la casa los fines de semana y siempre discutía con mi mamá. Los dos tienen el mismo carácter y normalmente ninguno de los dos cedía.

Casi todo el tiempo conviví con los amigos de mis hermanos que eran más grandes que yo y eso me hizo cambiar en muchos aspectos muy rápido. Empecé a vivir cosas que sin ser malas, tal vez a un niño de esa edad no le correspondían pero como están las generaciones ahora, ya nada me sorprende.

Más adelante seguiré hablando de mi familia.

Ahora les platicaré un poco acerca de la escuela. Cuando mi hermano enfermó, me fui de viaje de intercambio y al regresar ya no seguí en la escuela donde estudiaba. Ahí había hecho muchos amigos y mi mamá era la directora, hasta la fecha me reúno con algunos de mis compañeros con mucho gusto.

Entré a la escuela de mi papá donde por cierto tuve que repetir cuarto de primaria. Gracias a ese cambio conocí a mi primer y más grande amor.

Tengo muy buenos recuerdos de esa escuela así como malos también . Ya saben que no es nada fácil ser el hijo del Director. Me hice de muchos enemigos y muchos cuates interesados.

Me salí en tercero de secundaria por problemas de salud que se intensificaban con el estrés que ahí vivía , estudié en otra escuela tres meses y entré al Tec de Monterrey a estudiar la prepa. De toda la gente que conocí en esas escuelas aprendí mucho, como de toda la gente con la que convivo a diario.

Me juntaba con unos chavos del Club de Golf la Hacienda y nunca entrábamos a clases. Tuve 76 faltas en un semestre. En calificaciones no iba mal porque tengo muy buena retención pero las faltas me fregaron. Total que sólo estuve tres semestres ahí y después seguí en la prepa abierta de la Ibero. Como podrán ver fui un poco irregular en las escuelas.

Al poco tiempo tuve una propuesta para ir a trabajar a Playa del Carmen. Según yo iba dos meses y me regresaba a estudiar para la Universidad y me quedé un año y medio trabajando de Gio.

Actualmente estoy esperando mis papeles para irme a estudiar a Estados Unidos piloto comercial. Es uno de mis sueños, y estoy trabajando en Televisa haciendo grabaciones y modelando, ese ha sido siempre otro de mis sueños...

Ahora les platicaré acerca de mis amigos y de lo que significa para mí una amistad:...

(Desconozco si no continuó escribiendo acerca de la amistad porque algo lo interrumpió, o porque no encontró palabras adecuadas para describir en su real dimensión algo tan importante para él.)

En su vida, ser amigo incluía los más nobles sentimientos y valores como amar, respetar, confiar, darse a la persona y anteponerla a él mismo, dar, compartir tanto tristezas como alegrías y siempre, siempre estar ahí, como lo dice su mejor amiga:

"Isra y yo nos conocimos desde la infancia y desde entonces comenzamos a construir una relación inigualable. Nuestra amistad creció y perduró a través de los años a pesar de que mucho tiempo nos separó la distancia física. Vivimos muchas cosas juntos. Tuvimos la fortuna de contar el uno con el otro en los momentos más difíciles al igual que en los momentos más felices de nuestras vidas.

Isra, mi mejor amigo y confidente, sin lugar a duda, siempre estaba ahí con una palabra de aliento, no importando la hora ni la circunstancia, con una sonrisa energizante, con su hombro para llorar juntos, con palabras de consuelo, con un sabio consejo y cuando era necesario me regañaba o me ayudaba a abrir los ojos como sólo los verdaderos amigos lo hacen, con la verdad, dura o dolorosa muchas veces, pero siempre ahí.

Nuestra amistad siempre fue basada en amor, confianza, comunicación, sinceridad, y todos los valores por los que una relación única, trasciende hasta la eternidad. Estoy segura de que esta amistad incomparable no terminará jamás porque a pesar de que lo extraño muchísimo, sé que me acompaña siempre aunque de manera diferente.

Con su ejemplo me enseñó lo que significa ser un verdadero amigo y desde mi punto de vista eso es algo que nos enseñó a todos los que tuvimos el privilegio de estar a tu lado.

Gracias Isra por enseñarme lo que significa una amistad incondicional, por escucharme siempre y a la vez por confiar en mí.

Gracias por mostrarme con ejemplo que los sueños si se pueden hacer realidad cuando pones tu cuerpo y alma en esa dirección; que lo más importante es ser honesto con uno mismo; que la vida esta llena de pequeños detalles; que hay que vivir la vida intensamente, sin miedo, sin dejar de hacer lo que crees correcto por el que dirán y que pase lo que pase no se deben de perder ni la fe ni la esperanza.

Con tu partida inesperada aprendí que la vida es realmente corta y hay que vivir cada día como si fuera el ultimo. Gracias por ser mi estrella y el mejor de los amigos!"

¿Cuál puede ser el mensaje del siguiente capítulo, si parece sólo alabanza tardía a quien partió? Exactamente eso es, alabanza que debería ser espontánea, natural y oportuna cuando reconocemos lo que hace el amigo, el hijo, el padre o madre, el empleado, la enfermera, o cualquier persona que nos brinda algo desinteresadamente. Lo único que necesitamos es dar amor y atención correspondiendo al que recibimos ignoremos los pensamientos que nos dicen: "es su obligación", "su trabajo", "no lo siente" o "se va creer mucho si se lo digo"…

Pensemos y actuemos con el corazón, sembremos amor a nuestro paso, regresará multiplicado para seguir dando más sin tener que esperarlo. A Israel y todos los hijos, parejas, amigos, servidores, les gustaría escucharlo y sentir el valor de dar amor incondicionalmente.

CAPÍTULO IV
DEL KM... HASTA EL 6.300
EL CAMINO DEL SENTIDO DE SU VIDA, AL SENTIDO DE SU MUERTE

El Señor cumplirá en mí su propósito.
Salmo 139

Precisamente, al no tener las palabras de Israel acerca de este tema, son sus amigos quienes hablan de su sentido de la amistad, más que amigo hermano y maestro:

DE ISRA...

...que puedo decir... mi mejor amigo, mi hermano. Israel dejó en mi muchas cosas que van desde lo mas simple hasta lo mas complejo como el decir te quiero, el no guardarme un sentimiento ya que el jamás lo hacia

Solía enojarme mucho con él. Le decía tantas cosas, muchas veces hirientes, sin embargo el nunca se alejó, siempre entendió el sentido de mis palabras aunque le dolieran.

Era muy sensible y eso lo hacia sufrir muchas decepciones. Esperaba mucho de la gente y solía recibir golpes fuertes cuando menos lo esperaba. Me parece que eso era lo que mas me hacia enojar y es que éramos muy parecidos.

Ahora que no esta he aprendido que decir te quiero es mas importante que un regaño; que un abrazo puede reducir cualquier problema a insignificante; que el contacto físico mostrando aprobación es más importante que un consejo.

Israel aunque muy contradictorio en sus acciones siempre tuvo claro una cosa: ¡Querer y ser él mismo! No le daba pena nada!! Era increíble, yo estando con él, solía morir de la pena de cosas que hacía o decía, pero a él nada le afectaba lo que pudieran decir, siempre y cuando pudiera expresar lo que sentía.

Cantaba con toda el alma y con un gran sentimiento y así se entregaba a sus relaciones. Si bien no era el mejor para escuchar… (porque no lo era) podía levantarte con una mirada, con una caricia y como siempre… con una broma.

Con él me reí hasta dolerme el estomago y lloré hasta quedarme sin aliento, pero nunca me dejó caer. Me ayudó a recuperar la fe en mi.

Con el aprendí que un sueño hay que alcanzarlo cueste lo que cueste y te digan lo que te digan y que si es necesario ir en contra de las reglas, así debe ser. Porque así vivió su vida. con esto no quiero decir que está bien ir en contra de ellas, ¿sin embargo quién pone las reglas? Israel siempre siguió las 2 reglas más importantes como fiel cre-

yente: "Amaras a Dios sobre todas las cosas y a tu prójimo como a ti mismo" y "No hagas lo que no quieras que te hagan". Así se condujo Israel sin dañar a nadie, amó con todo el corazón.

Las reglas de la sociedad puede que no las haya seguido todas, y por eso fue juzgado muy fuerte por la mayoría de las personas, en especial de aquellas a quien el más amaba y fue eso lo que le causó tanto dolor.

No entendía porque si estaba haciendo lo que él sentía le reprochaban tanto. Sin embargo estoy plenamente segura de que en sus últimos meses esto ya no lo conflictuaba porque había aprendido a comprender esta situación y había logrado que las personas que tanto amaba lo comprendieran y aceptaran como era y el estaba dispuesto a poner todo de su parte para adaptarse lo mejor posible al por decirlo de alguna manera "al hombre perfecto" sin embargo ya no tuvo tiempo y le doy gracias a Dios por eso, porque entonces Israel hubiera dejado de ser el Israel al que todos conocimos y del que aprendimos tanto y a pesar del dolor que todos sentimos por su muerte, estoy segura de que todos celebramos que el se encuentre ahora en presencia de Dios.

Y se que quienes compartimos y vivimos con el sus "locuras" siempre guardaremos en el corazón sus palabras de aliento, su risa, su llanto, su sonrisa y sus ojos siempre picaros y coquetos decididos a vivir la vida plenamente.

VIVE la VIDA a PLENITUD, Isra, siempre estarás aquí conmigo en mi corazón, no hay día en que no piense en ti , te quiero Isra y perdón por no decirlo más a menudo. Eres y siempre serás el mejor de mis amigos...

Al leer los escritos de algunos de sus amigos me puse a recordar a ese Israel del que hablan y del que reconocen su "ser" de amigo incondicional.

El mismo al que, reprendíamos por su "hacer" distinto a lo que nosotros creíamos prioritario.

Reflexionando sin culpa, en las ideas qué nos inculcaron acerca de lo que un buen padre "debe" o "tiene" que exigir a sus hijos para que sean hombres y mujeres de bien, pienso en que ellos ya lo son en esencia desde su concepción, lo único que "debemos" hacer es cultivarlos como a una maravillosa planta, amándolos incondicionalmente; cuidándonos de darles el ejemplo de los hábitos y valores que los formaran como personas,¿buenas o malas? nuestro ejemplo lo decidirá; acompañarlos en el camino, guiarlos para descubran y desarrollen sus aptitudes y habilidades, enseñarles a ser libres con responsabilidad y conscientes de las consecuencias de sus acciones y decisiones, ya sean acertadas o equivocadas... reconocer siempre su ser divino perfecto imperturbable por su hacer humano en busca de la perfección.

De los amigos de sus hermanos, también era amigo, adaptándose siempre a las diferentes circunstancias y edades...

Isra:

Viví tantas situaciones junto a ti, que ahora que no estás a mi lado me doy cuenta que fuiste mi maestro de vida, de amistad, de cariño y de bondad. Y hasta la fecha no he conocido a alguien que se aproxime a ser como tú, lleno de felicidad, de sueños, de canciones, de consejos.

Como cualquiera de nosotros, cometiste errores, tuviste algunos tropiezos, pero de alguna forma siempre encontrabas la manera de levantarte y salir adelante. A toda la gente que conociste le dejaste algo dentro de sí mismo, en los momentos que realmente necesitábamos ayuda siempre estabas a nuestro lado, cuando queríamos llorar, nos dabas tu hombro incondicionalmente y como buen amigo, nunca pedías nada a cambio.

La misión de tu vida fue hacer feliz a la gente que te rodeaba, la gente que te entendía y que te amaba. Muchas personas pedían cosas que tenías que lograr, ya sea en la escuela o como hijo, etc. Creo y sé que lograste mucho más que eso, lograste que, cuando escuchara una canción te recordara, que cuando fuera a una fiesta me acordara de ti, que cuando viera una estrella me sintiera junto a ti, lograste que yo fuera una persona mucho más alegre y seguro de mí mismo. Me enseñaste a ser fiel, no te preocupes por

David, siempre voy a estar a su lado, es mi mejor amigo, lo quiero mucho y siempre voy a tratar de cuidarlo como lo hubieras hecho tú.

Tal vez no estás en carne y hueso, pero sabes? Cuando camino solo me acompañas, cuando canto me haces coro, cuando lloro me consuelas y hasta siento tu abrazo. Todo esto fue lo que lograste en mí y en muchas personas, ésa era tu misión, y créeme amigo mío... lo lograste.

Tu amigo O.A

Amigos de sus amigos, fueron suyos también…

En el tiempo que convivimos y disfrutamos juntos, llegué a sentir un cariño muy especial por ti, y ahora cada día, me daba cuenta de las cosas hermosas que aprendí de tu amistad.

Eras la persona que me hablaba para decirme: ¡Hola!, ¿cómo estas?, ¿qué estás haciendo? Y lo hacías porque te interesaba saber realmente cómo me sentía y platicar de nuestras vidas. No importaba la hora en la que te buscara, SIEMPRE, me diste un consejo que me tranquilizaba o ayudaba a solucionar mis problemas.

Me enseñaste a ser equilibrado en mis relaciones personales, y con mi familia, toda la vida me decías la verdad de las cosas, aún cuando sabías que al hacerlo me podía doler, pero así eras, sincero, galán , carismático, educado, sociable, y sobretodo, fuiste el hermano que nunca tuve.

Le doy gracias a DIOS por haber juntado nuestros caminos y hoy en día sé que no te fuiste para siempre, tan solo te me adelantaste, pero sé que algún día nos vamos a reencontrar y volveremos a ser los amigos y hermanos que fuimos en esta vida..

Tu Siempre Amigo y Hermano E.B

Para Israel ser amigo significaba dar incondicionalmente a quien lo necesitara, hacía nuevos "amigos" cada día, podía encontrarlos en la tienda, en una cola de banco, en un restaurante o un antro y sin saber nada de ellos los llevaba a la casa, invariablemente les ofrecía de comer y trataba de solucionar el problema que tuvieran, dándoles o "prestándoles" lo que necesitaran, de igual manera como lo hacía con sus amigos de años.

Mientras estuvo en la primaria donde su papá y yo trabajábamos, acordamos con las encargadas de las dulcerías pagar por semana lo que Israel y David consumían. En el caso de Israel, llegaba el viernes y la lista de productos era sorprendente. Lo cuestionábamos acerca de eso y nos decía que invitaba algo a unos amigos; después de varios intentos de que bajara la cuenta hablamos con la encargada y nos dijo que él, siempre llegaba con otros niños y de lo que quería, pedía 6 u 8, y se los repartía. Cuando a petición mía le restringieran la compra masiva dejó de ir por lo que ante esa actitud solidaria con sus amigos y teniendo en cuenta que permanecían por nuestro trabajo hasta muy tarde en la escuela, lo único que pude hacer fue acceder a pagar sólo hasta cierto límite y dejar que siguiera compartiendo con ellos.

En otra ocasión, llegó a la casa con dos muchachos de aspecto descuidado y hasta cierto punto desagradable, como acostumbraba los pasó a su recamara y cuando salió le pregunte quienes eran: unos amigos –contestó; le expresé que no me gustaba que trajera desconocidos y también como en otras ocasiones respondió, "son mis amigos". Dos o tres días más los llevó a la casa, me inspiraban desconfianza, su mirada y presencia era extraña; le comenté a Israel que yo pensaba que se drogaban y molesto me dijo, no porque ellos lo hagan yo lo voy a hacer, por eso quiero ayudarlos… Nunca supe si lo logró, o si los volvió a ver, sólo se que las bolsas de dormir que les prestó para ir de campamento jamás regresaron.

En diciembre del año que estaba trabajando en Cancún, fuimos para pasar la Navidad con él; esa noche el hotel ofrecía la obra de Cats y un espectáculo musical montado por los gios; lo vimos actuar y después cantar presentándose como Israel Violanti de Italia. Al terminar lo esperábamos para ir a cenar pero él decidió quedarse ahí con su amigo Rodrigo pues no tenía con quien pasar la Navidad y como estaba deprimido no quería salir, le dije que sólo habíamos ido para pasarla con él y dijo que el estaría mañana y otros días con nosotros y Rodrigo hoy lo necesitaba.

Anécdotas como las anteriores se repetían constantemente, él siempre antepuso el "bienestar de sus amigos, excepto cuanto se trataba de sus hijos, entonces iba con ellos y si podía se organizaba para estar con todos llevándolos a cualquier parte, cargando mamilas y pañales.

Su sentido del tiempo y del ahora...

Israel vivía el presente con intensidad, hoy reía, hoy lloraba, hoy se enojaba, hoy disfrutaba… , al día siguiente eso ya quedaba atrás.

Los proyectos que consideraba trascendentes los anotaba en su agenda y los llevaba a cabo con gran entusiasmo, cuando "tenía" que hacer algo sin sentido para él, lo pospondía hasta donde fuera posible o buscaba la forma de que otro lo realizara.

Se desesperaba con los planes a largo plazo y aunque era un soñador, ponía manos a la obra casi en el límite de tiempo ocupándose las 24 horas del día, los días necesarios para lograr su objetivo.

Uno de sus amigos nos habla de él e ilustra lo anterior con la siguiente anécdota:

"Oye Ramer, necesito que me hagas un favor muy grande. Tengo examen para entrar a estudiar la carrera de piloto en 3 semanas, ¿cómo ves?, tendrás tiempo para ayudarme a estudiar la guía, repasar y resolverme algunas dudas que pudiera tener en mate y física. Tú dime cuando y a qué hora, me interesa mucho que me ayudes, es por eso que te aviso "con tiempo."

En esta situación vivida con Isra me dejó saber, que a pesar de que sus sueños parecían alocados y casi imposibles de alcanzar contagiaba su seguridad. De esa manera inculcaba algo en mi, al yo darme cuenta de que siempre decía lo que quería y como lo sintiera, que siempre buscaba la forma de conseguir las cosas; determinado y decidido a llevar a cabo sus más grandes sueños: primero, estar con el amor de su vida y VOLAR.

Dejó en mi vida la nobleza de su ser al interesarse por los demás; querer saber un poco de la vida y los problemas de sus amigos y a la vez estar necesitado de que alguien lo pudiera escuchar. Muy importante y por lo que le voy a estar agradecido siempre es haber ampliado mi familia al integrar a CONCHITA, ALFONSO y a mi nuevo hermano DAVID.

Esto es en resumidas palabras lo mucho que el buen Isra deja en mí y la forma en que lo recuerdo esperando poder imitar lo bueno que aprecié de su vida.

Dicen que en la cama de hospital y en el panteón se conoce a los amigos. Los de Israel, convirtieron su velorio en una fiesta de despedida con música y hasta mariachi. Se contaban anécdotas alegres, chuscas, de sus malos momentos en que todos coincidían con los mismos consejos, había llanto pero sobretodo risas y alegría recordándolo.

Su sentido de identidad familiar

De su familia, necesitaba aprobación y apoyo a pesar de parecer autosuficiente. Ser el centro de atención desde su nacimiento, en ocasiones, provocó celos entre sus hermanos mayores, mismos que sintió por su hermano menor David.

Era difícil para Israel aceptar que su hermano si podía tener beneficios que él perdía como consecuencia de bajas calificaciones o reprobadas, por excederse en la hora de los permisos, uso inadecuado del coche, etc., entonces criticaba y juzgaba duramente tratando de recobrarlos, pero asimismo si se trataba de defenderlo lo hacía con la misma fiereza.

La familia era indispensable para definir su sentido de identidad y pertenencia. Cuando nos demostraba su amor era el más cariñoso, leal, buen compañero, cómplice y confidente.

(En un email enviado cuando estaba haciendo sus horas de vuelo en San Antonio expresa su sentir al respecto)

"…diario están en mis oraciones todos ustedes, salúdame mucho a todos por favor , dile a mi papá que lo amo y que lo extraño y a todos los demás de la familia, cada vez que veas a Ger (su bebé) por favor dale todo mi amor y mis besos , también a Alex por favor, dile a David y a Gustavo que me escriban mas seguido , diles que los extraño mucho, salúdame a Gerardito y a Elsie, también a Elsa y a Gabriela y a todos y dales mis bendiciones.

Dile a mamá Esperanza y a todos en la familia que digo hola y que si tiene oportunidad alguien de escribirme que lo haga., También salúdame a Pepe, a Vicky a Carlos y a toda la familia…. mamá ya me tengo que ir, te mando todo mi amor y mis bendiciones, cuídate mucho por favor."

"Por favor salúdame mucho a Gabriela , a David, a Gus, a Elsa, y a todos"

Se identificó además de manera especial con algunos de sus primos creando con ellos una relación firme en la que buscaba apoyo y encontraba seguridad:

"Lo que recuerdo es que desde que Israel tenía 1 o 2 años de edad, yo ya tenía bastante afinidad con él en el sentido de que me buscaba mucho con la mirada, se reía conmigo y en general le agradaba, cosa que a mí me hacía sentir bastante especial y con un gran cariño hacia él... sentimiento que duró y se fortaleció con el transcurrir de los años.

Si bien es cierto que a medida que el crecía y por la diferencia de 8 años de edad entre nosotros, por un tiempo no hubo más que el acercamiento del primo chico que quería jugar con su hermano Gerardo y conmigo, el cariño entre nosotros nunca se debilitó, al contrario, de alguna manera se iba reforzando gracias a su carisma innato y a su natural, inhibida y desinteresada manera de dar amor a los demás.

Sin embargo, la etapa de mayor acercamiento y donde nuestra relación paso de ser únicamente del gran cariño que sentíamos como primos, a una relación también de confidentes y sobre todo, amigos, fueron estos últimos 6 o 7 años de su vida, he de confesar que no era frecuente, pero cuando nos encontrábamos , pasábamos horas platicando, escuchándonos, dando algunos consejos y gozando el momento...

También es muy cierto que durante sus últimos 3 años de vida en los que me buscó más, no siempre estuve ahí, situación que realmente me incomoda, pero que por el otro lado sé que es cuando nuestra relación llegó a su mejor momento y cuando más aprendí de él.

En sus últimos años de vida Israel me sorprendía demostrándome el amor más puro, grande y valiente que por sus hijos tenía, eran su vida entera y se dedicó a la búsqueda constante de los medios necesarios para darles una vida digna, incluyendo a Alex.

Esta convivencia con Israel me enseño cómo uno debe demostrar y dar el amor a todos aquellos seres a los que nosotros realmente queremos, el decir y demostrar en el momento nuestro amor hacia las personas, así, directo, franco, sin esperar nada a cambio, así fue Israel, malentendido por muchos de nosotros por sus decisiones y forma de vida, pero al final, con un objetivo claro...dar y regalar a los demás, y vaya que lo logró con creces.

Por todo esto, el gran amor y confianza que me brindó y me dejó, no tengo más que palabras de agradecimiento para él, así como también por haber venido a despedirse después de su fallecimiento....

Isra, te quiero mucho, dejaste una enorme huella en mi corazón y una gran enseñanza de vida, me mostraste como dar amor sin complicaciones ni prejuicios y sin ba-

rreras, pero de verdad, no cualquiera lo puede hacer, es difícil llevarlo a cabo día con día, te admiro mucho por eso, y es por eso que mi mayor enseñanza es esa, el vivir el día a día y no reservarse para el "mañana" que tengamos más ganas, humor o "tiempo", ya que el "mañana", tu ya nos lo demostraste, puede que nunca llegue.

Te extraño mucho, sin embargo me deja tranquilo el saber que estás bien, feliz, cuidando a los tuyos y en compañía de tu hermano... mi hermano, Gerardo.

Nos vemos después.

Jorge

***

Yo siempre he tenido la idea de que la muerte más que un castigo es un premio, pues vivir, aunque tiene partes bellas no es tan sencillo, también tiene una gran parte de dolor por cosas inexplicables y que a veces no queremos darnos cuenta de por qué ocurren.

Cuando alguien "se iba", siempre pensaba: se fue, porque terminó su ciclo y ya no tenía nada que hacer aquí, todo está bien para él ahora, y hasta el momento eso me había permitido dejarlos ir y sentirme mejor. Sin embargo, con Israel realmente pude darme cuenta que era mucho más difícil de lo que creía; me derrumbé cuando a través del teléfono mi mamá me dio la noticia de que "se ha-

bía ido", todavía al escribir estas líneas vuelvo a sentir ese vuelco en el corazón de tan sólo pensarlo. Inmediatamente solté el llanto y traté de encontrar una explicación que me hiciera sentir mejor...no encontré ninguna.

Conforme fue pasando el tiempo y los días, me daba cuenta que no quería dejarlo ir. Su recuerdo, su sonrisa, su voz, todo él estaba demasiado presente como para simplemente pensar que ya era tiempo de que se fuera. Son muchas cosas y muchos momentos los que se quedaron en mi mente tan presentes como si hubieran pasado ayer. Esperaba llegar a mi casa y escuchar algún mensaje, con esa voz ronca en mi grabadora, como a veces lo hacía.

Sin embargo, sé que Israel fue para mí mucho más que un saludo en el teléfono, me dio la oportunidad de ser a veces su confidente y llorar juntos, a veces ser su cómplice y sentir su preocupación con él; pero más que eso me enseñó lo que significa tener un corazón inmenso en el que no había cabida para lo que él sentía, ni para lo que él quería.

Siempre, en cualquier plática y en cualquier momento, siempre estaban los sentimientos o el bienestar de otros delante del suyo. Hubiera sido capaz de cualquier cosa con tal de que las personas a las que quería estuvieran bien. Su capacidad de cariño era inmensa y lo demostraba, tenía un brillo especial en los ojos que hacía sentir que todo estaba bien.

Era vulnerable, pero a la vez siempre tuvo los pantalones bien puestos para enfrentarse a lo que fuera y correr riesgos. Nunca se escondió, nunca dejó de dar la cara cuando tenía que hacerlo.

Israel me enseñó el significado de la palabra integridad, aún sobre los errores cometidos, me enseñó que nunca se debe perder la inocencia, y aunque se chiqueaba a veces cuando quería obtener algo, nunca hubo maldad en ninguna de sus acciones. Me enseñó a sonreír con libertad y saber cuándo debemos detenernos y dar marcha atrás para corregir.

En sus últimos días, me enseñó a tener determinación y luchar por ser feliz para sentirnos completos, y alcanzar los sueños aunque para ello sea necesario sacrificar algo, me enseñó que el amor y la amistad está sobre todas las cosas y me dio la oportunidad de ahora cerrar los ojos, y disfrutar de su sonrisa, escuchar su risa y sentir su cariño, y quedarme así con esos momentos que ayudan a sobrellevar el dolor de no poder disfrutarlo.

Güera

El sentido de Dios en su vida

- "… pero en fin, me pongo en manos de Dios y sé que todo va a salir bien".

- "Ayer fui a una conferencia del Dr. Julio Vega quien me invito a hablar de mi hermano a modo de introducción, lo hice frente a 200 personas y me sentí muy bien hablando de él y cómo vivió su enfermedad, pero cuando terminé tuve que salir de prisa porque ya no aguante más y me puse a llorar.

  La conferencia se llamaba "detrás de mi montaña", la nombró así porque en el libro de Ger dice una parte: "yo sé que voy a llegar a ver lo que hay detrás de mi montaña y que hay algo ahí que me está esperando y cuando suba, sé que no voy a ir solo". …Estas palabras fueron la inspiración del doctor y ayer las mías también y de hoy en adelante, como lo dije al público ahí reunido, ahora te lo digo hoy a ti: Te invito a que seas parte de eso, a que veas que hay atrás de tu montaña y que en la subida no caminas solo porque Jesús va a tu lado …"

- "…En ocasiones la vida te conduce hacia nuevos rumbos aún cuando sientas que no estás preparado, o no quieras cambiar, te fuerza a empezar de nuevo. Así es la vida… no hay garantías".

- "Cuando me subo al avión a volar dejo todos mis problemas, solitos se van, y estoy muy cerquita de Dios y de Ger; mañana voy a ir a Misa, algo me dice que voy a encontrar algo en la palabra…, le pido a Dios me de las fuerzas y el valor para seguir adelante y que me abra una puerta para poder terminar lo que empecé; estoy desesperado, diario oro a Dios para que ilumine el camino a seguir y espero que sea pronto porque ya no sé qué hacer. Creo que es tiempo de abrir el cofre de tesoros que tengo dentro de mí. Te amo Mamá (se refería a María como lo hacia Gerardo) que Dios los bendiga".

- "…sólo puedo decirles lo que me dijo alguien una vez en la que me sentía poca cosa: "¡Tu vales mucho!, nunca agaches la cabeza y ora, ora mucho!"

Lo anterior son algunas de las muchas frases o pensamientos de Israel en las que se palpaba la importancia de Dios en su vida; nunca salió de casa sin hacer la señal de la cruz frente al Cristo que tenemos en la entrada y muchas noches lo vi en la oscuridad arrodillado, con la cabeza agachada, orando a los pies de ese mismo crucifijo…

Durante algún tiempo de su adolescencia traía al cuello un Rosario, no era por moda, estaba convencido de que así, la Virgen lo cuidaba. Nunca lo ocultó ni le daba pena decir lo que sentía al respecto.

Una noche, después de que en varias ocasiones había llegado más tarde de lo acordado, me pidió permiso de salir, le dije sonriendo y señalando la imagen de la Virgen de Guadalupe que ya se lo había heredado a ella porque yo me declaraba incompetente; sin dudarlo se dirigió hacia la imagen y preguntó "¿mamá me dejas ir a la fiesta?", volteó hacia mí y con esa sonrisa pícara, tan suya dijo "sí me dejo ir"...

Su sentido de niño intrépido y con los años saberse vulnerable

- "Sinceramente me siento hundido por todo esto que me está pasando, por favor pídele mucho a Dios por mí, Mamá, porque nunca me había sentido así en mi vida... bueno, tal vez en dos ocasiones, nada comparado a esas que fueron más fuertes, pero nunca me había sentido tan desesperado. Ya no se cuál sea la mejor decisión, estoy pasando por momentos muy difíciles, yo se que cada quien tiene lo que cosecha pero esto es demasiado...

- "...no puedo evitar sentirme deprimido..."

Israel vivía con la misma intensidad tanto lo bueno como lo malo que le sucedía, para él lo normal era que la vida le sonriera como él le sonreía. Le era difícil manejar lo negativo, tenía poca tolerancia a la frustración; cuando algo se le escapaba de las manos y se salía de control caía en fuertes depresiones, lloraba mucho y reaccionaba en los extremos, inmóvil y callado o agresivo con palabras, golpeando lo que podía... después de la crisis otra vez la depresión por no haber podido controlarse, apenado y mortificado ofrecía disculpas, abrazaba y lloraba queriendo borrar lo sucedido...

Esas reacciones además de ser respuestas de su personalidad y carácter, se debían a una pequeña lesión en el lóbulo frontal de su cerebro, que le fue encontrada cuando por una serie de convulsiones tuvo que ser internado. Después de una semana en el hospital, el neurólogo nos dijo que esas reacciones y actitudes tan opuestas en instantes, se debían a dicha lesión y revisando con él su historial de traumas importantes, dedujo que posiblemente sucedió al caer desde lo alto de una resbaladilla cuando era pequeño y aunque en esa ocasión lo llevamos al hospital de inmediato, estuvo en observación y le tomaron radiografías, al parecer, todo estaba normal porque para verla requería en ese momento de una tomografía que no consideraron necesaria por el estado anímico del niño.

Fue dado de alta con las recomendaciones pertinentes y medicamentos anticonvulsivos pero sin dejar de lado la idea de ingresar a la Academia de Pilotos. Como sabía que el examen médico era importante, sin que nos diéramos cuenta, en lugar de llevar a cabo el tratamiento prescrito, escondía las pastillas que en desafortunado momento de impotencia y depresión se tomó todas juntas...

...sin embargo, él quería vivir, así que cuando empezó a sentir los efectos salió como pudo y nos dijo lo que había hecho; estábamos en la terraza Gustavo, David, su primo Carlos y yo, al principio no le creímos pero al ver su palidez y la forma como hablaba supe que era verdad y mientras me comunicaba con el doctor ellos lo subieron al coche para llevarlo a donde él me indicara... llegamos a una clínica cercana a la casa, ya estaba ahí el doctor esperándolo...le hizo unas preguntas y de inmediato el lavado de estómago que duró más de dos interminables horas, la mayoría de los medicamentos salieron, gracias a Dios, antes de ser absorbidos... definitivamente su momento no había llegado y, la enseñanza que la vida nos brindaba con eso...¿nos percatamos de la lección?, ¿la comprendimos?, ¿hicimos la tarea?... no estoy segura de haber aprobado con excelente pues dejándonos llevar por el hacer, después del susto algunas personas reaccionamos con reproches y regaños en lugar de pensar con el corazón, tratar de comprender lo que debió estar sintiendo y su necesidad de compasión, compañía y amor incondicional.

Vivía situaciones difíciles de manejar para cualquiera, más difíciles para alguien de tan corta edad y con un problema de bipolaridad... después de sus crisis agresivas, en más de una ocasión llego a decirme llorando: "mamá, yo no soy así, no entiendo porque de pronto alguien puede sacar lo peor de mí, de verdad no quiero ser así".

Recordando esos tristes momentos alguien dijo:

"Se sentía en un túnel sin salida, fue muy difícil para él, varios intentos de suicidio fallidos que, en realidad no quería, le hicieron saber que su dolor e impotencia lo estaban llevando a un punto donde sabía que si era capaz de cualquier cosa sin miramientos...";

Entonces tomo una decisión, muy fuerte... me pidió ser internado en un hospital psiquiátrico.

Se necesita ser muy valiente para reconocerlo y enfrentarlo sin embargo como siempre Israel lo hizo, tratamos de convencerlo de que podía recibir ayuda fuera, pero su deseo de vivir y salir adelante mantuvieron su determinación de hacerlo; reconocía y pedía ayuda para vencer esa inseguridad y miedo a sí mismo.

Tal vez, eso también era parte de su misión, porque en ese lugar, no sólo encontró lo que buscaba, dejó mucho en los que ahí estaban; aunque sólo estuvo ahí diez días, como siempre, la armaba en grande, organizaba junto con los papás de los internos sus fiestas de cumpleaños y lo siguió haciendo después de salir; dejó amigos que le llamaban de la clínica y los iba a visitar si se lo pedían. Cuando falleció no sé cómo se enteraron pero uno de ellos, que había salido por estar enfermo del corazón, asistió con sus papás al sepelio y no podía dejar de llorar...

Su sentido de ser papá

Al contrario de las películas que basadas en una obra literaria difícilmente representan la idea del autor, no encuentro palabras que proyecten realmente éste aspecto de su vida.

Nada era más importante para él que sus hijos, incluyendo a Alex, asumiendo el papel de papá amoroso desde el momento en que lo conoció.

Tenía 21 años cuando estudiando la carrera de piloto, su más grande sueño, conoce a una chica sobrecargo y a los pocos meses recibe de ella la noticia de que iba a ser papá; las reacciones de enojo y descontento, dudas y comentarios acerca de su paternidad no se dejaron esperar en la familia y entre los amigos, pero nada lo hizo desistir de su decisión: se haría responsable del bebé sin importar nada. Para entonces además ya conocía y amaba a Alex, hablando de él como su hijo.

Jorge su primo lo expresa de la siguiente manera:

"En sus últimos años de vida, Israel me sorprendía demostrándome el amor más puro, grande y valiente que por sus hijos tenía, eran su vida entera y se dedicó a la búsqueda constante de negocios o trabajos que le dieran los medios necesarios para darles una vida digna, incluyendo a Alex"
... nunca dejó de hacerlo

El mismo Israel en un correo enviado desde San Antonio, donde hacia sus horas de vuelo, dice:

...tengo muchos sentimientos encontrados con respecto a mi bebé, ya estoy a punto de ser papá y los ojos se me llenan de lagrimas, siento alegría, emoción, tristeza, amor, de todo mamá, no se que me pasa, estoy feliz y tengo miedo a la vez, siento que no estoy listo para ser padre, pero le pido a Dios que me ayude...

...el bebé, sé que es una bendición y voy a necesitar mucho de su apoyo por favor, también los necesito mucho a ustedes más que nunca. Mamá sé que no has estado muy de acuerdo en esta relación y mucho de eso es mi culpa porque hicimos mal las cosas y bueno... solo te puedo decir que ya voy a ser papá y tu vas a ser abuela otra vez y te pido que ames a ese bebé como me amas a mí, porque es mi hijo.

Por su hijo, su carrera y su sueño dejaron de ser prioridad, ...considero verdaderamente importante estar cerca para hacerse cargo de su bebé mientras su mamá salía de vuelo.

Para algunas personas que valúan el amor y la responsabilidad con el signo de $, él no era el mejor padre; para sus hijos, el padre por excelencia quedaría opacado por el amor, entrega, ternura, comprensión, disposición y muchas cosas más, que el dinero no compra, y que Israel les brindaba.

Buscando estabilidad económica, se asoció con un amigo y pusieron un restaurant de mariscos, pero no funcionó pues le impedía hacer lo que consideraba más importante que cualquier trabajo o sociedad: estar con sus hijos, atenderlos y cuidarlos cuando su mamá viajaba; difícil de entender para la mayoría, para él la única forma de ser padre.

Todos los que compartimos con él, el cuidado de sus hijos cuando le tocaba tenerlos, lo vimos bañarlos, cambiarles el pañal, alimentarlos, cuidarlos y sobretodo amarlos de una manera ejemplar difícil de describir con palabras. Cuando estaba con ellos, los abrazaba y besaba desbordando plenitud, amor, alegría, entusiasmo.

Por cuestiones económicas fue alejado de sus hijos, su mayor sufrimiento era la amenaza de no verlos, entonces lloraba como un niño, la expresión de su rostro reflejaba la angustia que sentía y en sus ojos se veía una gran tristeza. Aceptaba condicionamientos y humillaciones para ver a sus hijos, era el precio que tenía que pagar y lo hacía gustoso, aún cuando no siempre lo hacía pasivamente.

Como padre, dió ejemplo a muchos que se jactaban de dar "todo" a sus hijos y enseñó a otros a serlo. Ese amor que irradiaba como padre, también lo sentía por sus padres y aunque evitaba decirlo si lo expresaba por escrito: *"Mamá te amo con todo mi corazón y dile a papá que lo amo y un día se van a sentir muy orgullosos del hijo que tienen".*

"Te mando un beso enorme, te quiero muchísimo y te extraño. Siempre tu hijo Israel."

CAPÍTULO V
Evitar que sea TARDE para DARSE CUENTA Y DESCUBRIR, lo que TIENE SENTIDO

Puede ser un momento muy triste pero también aleccionador, para cualquier madre darse cuenta de que la vida de su hijo aún en esas facetas con las que no concordaba o le preocupaban, eran parte del proceso que debía llevar a cabo para cumplir su misión. Todos esos momentos de alegría, tristeza, angustia, dolor, euforia, ilusión, nobleza exagerada, enojo, frustración, esperanza, depresión, experimentados apasionada e intensamente , eran el resultado de las lecciones que la vida le presentaba y haciendo recuento de ellos le dan sentido.

Sin embargo el momento de la muerte también puede ser, aún a pesar de la inmensa e incontenible tristeza muy satisfactorio, si sentimos haber sido siempre, acompañantes amorosos y comprensivos de nuestro hijo o hija en ese caminar que lo prepararía para este momento de la despedida y no sólo de los hijos también de los padres, de la pareja, del amigo... ¿Por qué esperar el funeral para darnos cuenta de todo lo que sembraba con sus acciones diarias a veces inexplicables o ante las que mostrábamos indiferencia y pasaban inadvertidas? ¿Por qué esperar el funeral para arrepentirnos de no haberlo visitado o llamado con más frecuencia, de no haber sanado la relación con él o ella, de no haberle dicho cuánto lo amaba o lo bueno, buena que era.

Ahora le encuentro explicación y sentido a...

- Que aún siendo bebé le llamara tanto la atención el Cristo en la cabecera de mi cama, lo observaba largo tiempo y aunque lo cambiara de posición el giraba su cabecita para seguirlo con la mirada;

- Su quietud durante toda la celebración de la Misa, cuando apenas tenía 4 años y sobretodo la fuerza y entusiasmo con los que cantaba el Padre Nuestro, al unísono del coro... los fieles invariablemente volteaban a verlo hasta que los muchachos decidieron llevarlo al frente y sentarlo con ellos;

- La postura espontánea, de profunda devoción, cuando recibió su Primera Comunión ... y ese brillo en sus ojos; misma que adoptaba cada vez que comulgaba;

- Ahora creo entender cómo es que, sin práctica alguna o conocimiento previo, desde pequeño podía realizar casi cualquier cosa como esquiar, nadar, montar a caballo, todo lo que se propusiera, ¡nada le daba miedo!

- Ahora sé que cuando tomó los medicamentos, algo tenía que aprender y enseñarnos; sus ángeles estaban con él y Dios lo libró de la muerte porque no era su momento.

- Ahora tiene sentido su insistencia de ingresar a una clínica psiquiátrica, la Clínica San Rafael, aunque parezca incongruente, en su corta estancia ahí, dicho el médico que lo atendía, les hizo ver a los internos lo bello de la vida y les trasmitió la alegría de vivirla. Rememorando esos días viene a mi mente la voz emocionada de Israel platicándome de sus amigos y las fiestas que les organizaba.

- Ahora entiendo qué ese corazón tan grande, que recibía como amigo a cualquier persona a pesar de que esto le ocasionaba problemas con la familia especialmente conmigo, y en ocasiones decepciones personales, sólo estaba escuchando la voz de su alma y el llamado de Su Señor.

- Ahora sé que tener éxito y cumplir el propósito de tu vida pueden ser opuestos en muchas ocasiones; porque el éxito y la felicidad no son un estado, son momentos, tal vez instantes que producen en nuestro ser una indescriptible sensación de plenitud y bienestar que se alimenta y a la vez da bienestar a otros.

- Un sin fin de personas conmovidas con su partida. Ahí, en esa interminable fila de amigos que lo despedían y que después formaron el cortejo, se reflejaba el incomprensible para muchos, sentido de su vida, y por todo eso, yo le doy sentido a su muerte en el momento y lugar que debía ser... mes 6, día 30 en el km 6.300...

- Ahora sé, que era tan intrépido en ocasiones, porque su alma conocedora de su tiempo y misión lo impulsaba a "vivir" intensamente, siempre bajo la protección de sus ángeles.

Un sábado fue invitado por su amigo Fermín, compañero de 4º grado, a una charreada donde él participaba, sus hermanos, su papá y yo lo esperaríamos para comer en cierto lugar; de repente, con gran asombro, vemos llegar tres caballos de impresionante estampa y tamaño; en uno de ellos, Israel con esa sonrisa pícara de satisfacción, tan característica cuando lograba algo, tranquilo, como si tuviera el mismo control que los charros que lo acompañaban.

En otra ocasión en diciembre de 1990 cuando tenía 11 años, fuimos a Colorado con unos compadres que año con año iban allá a esquiar, como para nosotros era imprescindible tomar clases contratamos a un instructor. Israel recibió la primera a regañadientes y el segundo día se negó a tomar la clase "porque ya sabía esquiar", como estaban con quienes si esquiaban muy bien lo dejamos con ellos acompañado de sus hermanos, sin dar importancia a sus palabras; ni Alfonso ni yo nos animamos a subir a la montaña para bajar esquiando (yo no podía ni siquiera mantenerme en pie sobre los esquíes), así que decidimos verlos subir y bajar desde uno de los albergues; de pronto vemos llegar a Carmen, nuestra comadre, furiosa y desencajada, por el tremendo susto que le había dado Israel cuando lo vió aventarse con David por la pista más difícil, la que llaman negra, se apresuró a seguirlos y cuando llegó hasta ellos ya se hundían en la zona peligrosa, aunque con dificultad, pudo sacarlos de ahí gracias a su habilidad y su experiencia en el deporte, a partir de ese momento no lo perdíamos de vista. Podríamos pensar que a Israel le dió miedo o estaba asustado, pero ¡no!, al día siguiente quiso subir a la misma pista... ahora se le permitió, si aceptaba ir acompañado.

Cuando Israel tenía como 9 años, nos inscribimos en diferentes actividades de un club familiar. Una tarde, lo lleve hasta la puerta del club y después de verlo entrar, por alguna razón regresé a la casa con David; cuando salíamos de regreso por Israel lo veo venir caminando, me quedé sorprendida y asustada a la vez, le hacia una pregunta tras otra, ¿qué paso?, ¿quién te trajo?, ¿por qué?...ante sus respuestas crecía mi angustia y enojo por lo que podía haberle pasado y mucho remordimiento por dejarlo solo sin asegurarme de que estuviera en su clase. No se dió cuenta de que no llevaba su credencial hasta pasar por el módulo de vigilancia, salió a alcanzarme y yo, ya no estaba, entonces se le hizo fácil caminar de regreso a casa; para ello tuvo que cruzar varias avenidas incluyendo una de mucho tráfico, pero inexplicablemente, gracias a Dios llegó bien y tranquilo.

En la adolescencia y juventud su espíritu libre me tenía en constante angustia, qué diferente hubiera sido confiando en el Plan perfecto del Padre y en el cuidado que siempre le habían brindado sus Ángeles, sin embargo, cuando pasaba la hora acordada y no sabía de él, yo invocaba su protección y la de María e invariablemente antes de 15 minutos se reportaba o llegaba a la casa contando algo inverosímil que le había sucedido poniendo en peligro su integridad; le pasaba todo lo posibles e imposible también, cosas difíciles de creer. Muchas veces tuve que disculparme con él, cuando más tarde, comprobaba que su relato era verdad.

Confiar, fluir, disfrutar y agradecer el momento presente, hacer de la mejor manera posible lo que nos corresponde sin pretender controlar las situaciones es la tal vez única forma de vivir plenamente pues todo sucede de manera perfecta de acuerdo a un plan preconcebido.

CAPÍTULO VI
LA RECONSTRUCCIÓN

Difícil pero posible, la tarea de reconstruir nuestro corazón hecho añicos, paso a paso, día a día. Dejemos que Aquel, a quién en nuestro dolor culpamos, con nosotros sane el daño.

¿Sabemos acaso para qué estamos aquí, vivos, con determinadas capacidades y cualidades distintas a las de otros?. ¿Cuántos de nosotros hemos reflexionado sobre eso, meditando y permitiendo que Dios en nuestro interior nos de la respuesta?, ¿tenemos el valor de escucharlo sin hacernos sordos?... ¿Cómo lograremos restaurar nuestro corazón hecho trizas?

Por mi experiencia les digo que día a día y paso a paso, tomados de la mano de ese amoroso Ser Superior que en su sabiduría sabe con certeza lo que es mejor para cada uno de nosotros y podemos escuchar lo que quiere decirnos, sin intentar comprenderlo, sólo sintiéndolo y confiando en Él.

Cuando, conscientes del hecho que nos ha devastado nos sentimos muertos en vida, creemos que con él se fue toda posibilidad de darle sentido a nuestra vida.

Es inevitable sentir dolor, desesperación, coraje, rebeldía... sentimientos humanos que nacen desde dentro queriendo destruir todo, incluso a nosotros mismos. ¿Es malo sentirlos?, no, es perfectamente normal y la única forma de transformarlos es reconocer que existen.

Primero debemos ser compasivos con nosotros mismos, saber que tenemos derecho a rechazar, juzgar y cuestionar; tenemos derecho a gritar, llorar, golpear y hasta renegar de Dios. ¿Acaso no fue el mismo Dios quien despertó la furia de la Naturaleza cuando su hijo murió?... y después la calma... la gloria... El Señor también llora por nuestro dolor y desea de distintas maneras consolarnos, hacernos sentir que su voluntad es buena para quien también nosotros amamos.

Cuando decidimos aceptar que la vida tiene que seguir y estamos abiertos a percibir con los cinco sentidos, lo que el Señor quiere darnos, empezaremos a encontrar respuestas y a ver la luz

"No hay peor ciego que el que no quiere ver, ni más sordo que el que no quiere oír"

A todos alguna vez se nos han presentado esas casualidades que asombran y de alguna manera afectan nuestras vidas.

Hojeando y reorganizando los más de 3000 libros de la biblioteca del colegio donde trabajaba, me detengo de repente, sin pensar, en una página de uno que llama mi atención: "Los mundos" de Darío Novoa, ahí de cierta forma las palabras escritas me hablan acerca de la vida y muerte de Israel.

Ahora tú irradias toda la alegría del mundo. Todos los colores vivos de tu alma se desbocaron y tomaron la delantera para hacer patentes tus chicueladas...

Quiero que en toda tu vida no te canses de escribir en el aire. Dicen que los que escriben en el aire todo lo pierden. Yo te digo: Después que todo pase para ti -de lo que los demás llaman "todo"- sólo quedará eso que has escrito sobre lo que todo el mundo llama "nada". Entonces multiplicarás tu ser en los demás. Irás pulverizado y engrandecido por el mundo, donde muchos llevarán parte de lo que tú fuiste. Escribe en todas las almas, así como ahora escribes rayas que los demás llaman "sin sentido".

Lo leí una y otra vez como si en esas palabras estuviera escrita la misión que Isra debería cumplir y él quería darme tranquilidad al mostrármela.

Ese mismo día, en otro libro basado en un cuento de Leon Tolstoi, me llaman la atención las preguntas escritas en su contraportada:

- *¿Cuál es el mejor momento para hacer las cosas?,*
- *¿Quién es el ser más importante?,*

- *¿Qué es lo que debemos hacer?*
  las respuestas son que el mejor momento es ahora,
  el ser más importante es el que está a tu lado
  lo que debemos hacer es el bien
  y la conclusión: esa es la razón por la que estamos aquí.

Esas palabras me hablan una vez más de la vida de Israel, y al leer en las notas del autor que en el cuento original un zar, tratando de salvar a un ser querido, salva involuntariamente a alguien que pretende hacerle daño y al salvar a su enemigo crea una profunda conexión con otro ser humano.

Esa forma de ser, era lo más incomprensible y criticado en Israel, a pesar de recibir humillaciones, injurias, mal trato de algunas personas, él seguía ahí, esperando lograr algo; muchas veces ni él mismo sabía qué, pero se mantenía firme justificando y defendiendo a quien lo había traicionado, al que abusó de su nobleza y credulidad, a quien buscaba sólo un beneficio material o diversión que Israel ofrecía con gusto aún sabiendo que eso le acarrearía problemas.

Fue humillado, ultrajado, golpeado y cuando esto se repetía con las mismas personas sólo decía: "sí, ya sé que soy muy confiado y por eso me ven la cara", "me lo volvió a hacer, soy un estúpido, no entiendo" ,… y así como él se reconstruía una y otra vez… fue como dejó huella y el ejemplo de cómo el amor incondicional podría reconstruirnos.

CAPÍTULO VII
PARA LLEGAR HASTA LA MONTAÑA SIN TENER QUE MIRAR ATRÁS

Entonces...
¿qué podemos hacer ante lo inevitable?

Dejarnos caer en los brazos amorosos de nuestra Divinidad y "leer" en las casualidades sus mensajes de consuelo, como las palabras que encontré en los libros.

Puede ser cuestión de Fe o sólo de conveniencia, lo cierto es que creer en ello ilumina el camino hacia la aceptación y tranquilidad.

Esto no quiere decir que de pronto desaparecerá el dolor de la ausencia pues ese dolor es tan real como la ausencia que lo causa, sin embargo disminuye hasta transformarse en paz cuando aceptamos que a quién extrañamos VIVE y podemos sentir su presencia, aunque no física, en las coincidencias y detalles sorprendentes de cada día.

Por eso, sin ni siquiera pensar en que podrían irse antes que nosotros, vivamos cada día con ellos en el aquí y ahora, amándolos incondicionalmente y proyectándoles lo que queremos recibir; eso será lo mismo que naturalmente reflejen a su alrededor ...

Confiemos en nuestra capacidad innata de ser padres.

Tengamos la seguridad de que si los formamos con rectitud, respeto y sobretodo amor a Dios, a sí mismos y a sus semejantes, estamos cimentando firmemente la vida de adolescentes y adultos que edificarán por sí mismos.

Vencer la tentación de querer hacerlos a nuestra imagen, sólo Dios puede crear a su imagen y semejanza y, mucho menos querer vivir a través de ellos lo que hubiéramos deseado hacer. En ocasiones nuestras expectativas son como una carga en sus hombros y al llegar a la adolescencia puede sentirse tan pesada y frustrante que inconformes se rebelan, agreden, ignoran lo que les parece insensato (y tal vez lo es) o se deprimen al no poder librarse de ella .

Mucho mejor sería , proponernos:
escuchar más que ordenar;
acompañar más que dirigir;
consolar más que reprochar;
apoyar más que exigir;
comprender más que enjuiciar;
"estar", simplemente estar ahí sin esperar nada, seguros de que tienen las herramientas necesarias para construir su vida.

Confiar en ellos es confiar en nosotros mismos recordando que, también a su edad, eso esperábamos de nuestros padres.

Y si desde nuestra perspectiva, pensamos que algo salió mal, siempre podremos acudir al Padre que todo lo puede y sabe mejor que nadie, qué hacer para nuestro bien y el de nuestros hijos.

Protegernos de los "hubiera".

Si te preguntas ¿cómo?, sólo imagina que en este momento te avisan de la muerte de alguien muy querido o simplemente de algún conocido con quien tenías un asunto pendiente... piensa que no lo verás más... seguramente vendrán a tu mente recuerdos y pensamientos de diferentes situaciones vividas con esa persona y lo que hubieras querido hacer ...esos hubiera que nos hacen desear tiempo para poder dar más, para abrazar más, para perdonar y ser perdonado...

Regresemos de la pesadilla y expresemos gratitud por el presente que nos da la posibilidad y oportunidad de hacer lo necesario para evitar los hubiera. Aún hay tiempo... ¿qué puedo cambiar hoy, qué puedo hacer o dar que me haga sentir dichosa, dichoso por la satisfacción de haberlo realizado?

Hagamos un listado de pendientes o deseos y uno a uno, ocupémonos para poner la marca√ busca la ocasión para hacerlo, ... date prisa...mañana puede ser tarde.

Si el sólo pensamiento hace latir tu corazón con fuerza, imagínate eso multiplicado y convertido en paz y tranquilidad por la satisfacción de haber dado tu amor o amistad sin reservas; de tal vez haber doblegado tu orgullo al pedir perdón; de estar ahí apoyando cuando se te necesitaba; de dejar trabajo o amigos para estar o escuchar...

Oct 20

El presente es el único momento real, lo demás sólo existe en nuestra mente, y podemos tener la seguridad de que podemos borrar del duelo los "hubiera" si actuamos HOY,

HOY, aquí y ahora;

- Imaginemos como cambiaría en nosotros la vivencia de una despedida, si alimentamos y hacemos crecer nuestro "ser interior", el que se deja guiar por el corazón, y nos invita a dar amor, a quienes aún sin pedirlo necesitan de nosotros.

- Dejemos de posponer y de utilizar las frases: tan comunes reflejo de poco interés como:

- al rato te llamo...,
- cuando me desocupe...
- yo te aviso...,
- nos hablamos...,
- el fin de semana...,
- no es mi problema...,
- tengo cosas que hacer...,
- depende de ...,
- nos vemos un día de estos...
- no se si pueda...

Y mejor aprovechando el presente en el aquí y ahora digamos:

- a qué hora quieres que nos veamos...;
- si necesitas platicar, termino esto y te veo en...
- mientras termino, ven, aquí platicamos...;
- voy para allá...;
- ¿qué necesitas?..;
- me desocupo lo más pronto posible y estaré ahí ...
- no te preocupes, te ayudaré a resolverlo...
- dejo esto y te escucho...

- Si alguien nos busca es porque nos necesita, tal vez seamos su única esperanza de ayuda...¿podemos hacernos los indiferentes?, claro que sí, ...¿debemos hacerlo?... definitivamente no, porque además de aprovechar la oportunidad de servir estaremos ayudando doblemente, a la persona que lo requiere y a nosotros mismos al evitarnos crear un "hubiera" . Hagámosle saber que no está sola, hazle sentir que por tener a personas como tú, vale la pena continuar... cuanto más si esa persona de alguna forma es parte de nuestra historia de vida.

Demostrar el amor que en realidad sentimos, sin miedo a parecer débiles o pequeños es la única manera de que nuestros hijos se sientan seguros y confiados. Ellos necesitan de esa pequeñez externa para acercarse, sin miedo al reproche, para estar a nuestra altura y poder recargar su cabeza en nuestro hombre, para confiar en que podemos caminar a su lado sin que nuestra sombra los cubra por completo

Qué pasaría en nuestra relación con ellos, si en su momento, reconocemos que también podemos equivocarnos y doblegando nuestro orgullo, decimos un sencillo y sincero "lo siento".

Qué pasaría con el mundo a nuestro alrededor, si en lugar de mostrar dureza de corazón, mostramos nuestra humanidad que envuelve y suaviza la pretendida firmeza y rectitud interna.

- Si el tiempo y el destino te ganan la carrera y se presentan inevitablemente los "hubiera", obtén de ellos una enseñanza que pueda ayudarte en situaciones futuras similares. Tu nuevo, aunque doloroso aprendizaje, dará sentido a esa despedida.

- Pero si la situación lo permite, es muy importante darse la oportunidad de despedir al ser amado, bendecirlo y decirle que puede sentirse tranquilo por nosotros, todo está bien porque él estará seguro y acompañado en su camino hacia la Luz...

- También invitar o permitir a todos los que lo amaron sin importar la edad, para que se despidan; los niños en especial deben vivir lo que es la muerte y saber que quien muere no los abandona.

Aunque más enseñanzas como esas pueden darle sentido a la muerte de un ser querido, es complicado pensar y aceptar que cada uno de nuestros hijos es un individuo diferente a los otros, tanto en aptitudes y capacidades como en necesidades. Cada uno de ellos tiene una misión especial y ésta, algunas veces, puede romper con lo estipulado en nuestros paradigmas.

Si nosotros nos enojamos y rebelamos por el dolor que Dios permite en nuestras vidas, ¿qué nos hace pensar? Que nuestros hijos aceptarán con agrado el sufrimiento que nosotros les provocamos.

Aún cuando podemos aceptar la forma de ser de nuestros hijos como parte de su misión especial, es cierto que algunas veces despierta en nosotros reacciones negativas al ir en contra de lo estipulado en nuestros paradigmas. En esos momentos no pensamos en el sufrimiento innecesario que les causamos, ni nos damos cuenta de que estamos creando un círculo vicioso y destructivo, que en la mayoría de los casos es la causa de su rebeldía, enojo, inseguridad y frustración.

Por el contrario el amor que acepta a la persona como es, la hace segura y responsable de sus propios actos creando en ella un compromiso de corresponder a la confianza y retribuir ese amor al ser mejor persona.

Así, lo que para alguien puede ser falta de energía, indecisión, desperdicio de capacidad, etc. para el actor que provoca esos juicios pueden ser actitudes derivadas de una lucha interna entre ser lo que soy o hacer lo que esperan que debo hacer .

La realidad es que en esos momentos en los que el tiempo no puede volverse atrás recordamos sobretodo las cosas positivas que los mantendrán vivos. Como en el caso de Israel, o de muchos otros, al hacerlo reconocemos la nobleza de su corazón y la grandeza de su ser. Al mismo tiempo encontramos que los supuestos errores y tropiezos eran realmente las pruebas que forjaban su carácter para darle sentido a su vida.

Y ahora con este libro trato de completar una misión, …¿suya?, …¿mía? o de los dos tal vez, no lo sé… pero sí se que cumplo el deseo que expresó la noche antes de su partida y era uno de sus sueños, como lo escribió en la posdata de la carta a una amiga:

PD. abre esta página librosdevida.com (actualmente inactiva) Me siento muy orgulloso y creo que tú también lo vas a estar. Mi libro pronto estará ahí…

Agradezco a quienes con sus anécdotas y pensamientos colaboraron en la realización de este sueño.

www.ingramcontent.com/pod-product-compliance
Lightning Source LLC
LaVergne TN
LVHW091603060526
838200LV00036B/978